図表によるイメージ解説

Advance

グループ通算制度

森高厚胤 著

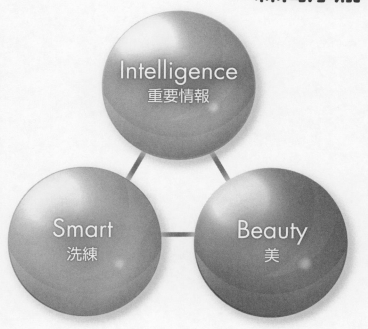

Intelligence
重要情報

Smart
洗練

Beauty
美

一般財団法人 大蔵財務協会

は　し　が　き

　連結納税制度については、その制度の適用実態やグループ経営の実態を踏まえ、日本の企業が効率的にグループ経営を行い、競争力をより十分に発揮できるよう見直しが行われ、その結果、損益通算の基本的な枠組みは維持しつつ、企業の事務負担の軽減等の観点からグループ通算制度に移行することになりました。

　このグループ通算制度は、原則として、法人の令和4年4月1日以後に開始する事業年度の所得に対する法人税及び同日以後に開始する課税事業年度の基準法人税額に対する地方法人税について適用することとされております。そして、その適用は、連結納税制度と同様に企業の皆様方の選択によることとされ、損益通算等の適用を受けるための承認を受けることが必要とされています。

　これから、経営者及び経理担当者の皆さんは、制度選択の有利不利について税負担の観点はもちろんのこと、事務負担の観点からもしっかりと分析した上で、このグループ通算制度への移行を判断していくことになりますが、そのためには、制度の考え方、基本的仕組み及び個別制度の取扱いについて理解しなければなりません。

　そこで、本書では、次の3点を基本的方針としてグループ通算制度について解説を行うこととしました。

1　近年の法人税法の条文及びその用語は複雑・難解であると言われておりますので、まずは、経営者及び経理担当者の皆さんにこの制度についておおまかに理解していただくために、この1冊の本を読めば体系的に制度の知識が網羅できるようにする。

2　法令、通達そしてQ＆Aなど、たくさんの情報がありますので、このコロナ禍でこれまで以上に忙しく業務に追われている税務職員の皆さんがこ

れらの情報を横断的に関連付けて理解していただくために、一冊の実務ガイドブックとして活用できるようにする。

3　私自身が税務に関する専門家として税理士業務を遂行していく上で、「まずは自分が使いたいもの、ポイントをしっかりすばやく理解できるもの。」といった視点で、実務家においても便利で使いやすいものにするために、この1冊に専門的で重要な要素を詰め込み、制度をより深く理解できるようにする。

本書の作成に当たっては、これらの3つの基本的方針の下、重要な情報を的確にできるだけ平易なことばを用い、図表を豊富に盛り込みながら、しかも手短に説明することを意識し、経営者及び経理担当者の皆さんをはじめ、実務家の方々まで幅広くご利用いただけるよう工夫しております。

本書が法人税実務に携わる全ての皆様方のグループ通算制度の正しい理解の一助となり、最良のガイドとしてお役に立てれば幸いです。

なお、経営者の方々におかれましては、実際にこのグループ通算制度を適用し、申告等を行うに当たりましては、我々税理士は、税務に関する専門家として独立した公正な立場で日々税理士業務を遂行しているところ、幸いにも、このグループ通算制度に関して他の税理士先生方が大変素晴らしい専門書を刊行しておりますので、それら専門書も参考にしていただき、適正な申告がなされることを期待しております。

最後に本書の刊行に当たり、多大なご助力、ご支援を賜りました大蔵財務協会の出版編集部の諸氏に厚く御礼申し上げます。

令和3年5月

税理士　森　高　厚　胤

本書の文中等における主な引用条文の略称は以下のとおりです。

法 ………………………………	法人税法
法令 ……………………………	法人税法施行令
法規 ……………………………	法人税法施行規則
措法 ……………………………	租税特別措置法
措令 ……………………………	租税特別措置法施行令
措規 ……………………………	租税特別措置法施行規則
令2改正法附則 ………………	所得税法等の一部を改正する法律（令和2年3月31日法律第8号）附則
令2改正法令等附則 …………	法人税法施行令等の一部を改正する政令（令和2年6月26日政令第207号）附則
グ通（又は国税庁通達）……	グループ通算制度に関する取扱通達
法基通 …………………………	法人税基本通達
通則法 …………………………	国税通則法
改正解説 ………………………	令和2年度税制改正の解説（財務省ホームページ）
グループ概要 …………………	グループ通算制度の概要（令和2年4月）（国税庁）
報告書 …………………………	令和元年8月27日税制調査会総会「連結納税制度の見直しについて」
国税庁Q&A …………………	グループ通算制度に関するQ&A（令和2年6月）（令和2年8月改訂）

※　本書の内容は、令和3（2021）年3月1日現在で公布されている法令等によっています。

1　本書の構成は、次のとおりです。

大分類

　グループ通算制度における重要な項目について取り上げています。

　原則、１見開きで左ページにおいて説明を行い、右ページ（中分類）においてそのうち特に重要な要素について図表を用いて分かりやすく解説しています。

中分類

　この中分類では、その項目の重要な要素をできるだけ平易なことばとともに図表によるイメージ化を行うことにより、明瞭かつ簡潔に解説しています。

実務上のポイント（用語編）

　大・中分類で使用されている専門用語や定義規定について、実務上のポイント（用語編）でさらに詳しく解説しています。

実務上のポイント（通達編）

　大・中分類の内容に係る国税庁通達について、実務上のポイント（通達編）で同通達の理解を深めるために解説しています。

2　本文の内容についてさらに理解を深めるために、３種類の囲み記事を設け、本文の内容の理解に有用な事項をとりあげました。

　<u>報告書</u>：見直しの意義・方針を理解するための内容

　Plus α：本文に関連する重要な内容

　補足メモ✎：本文に関する補足的な内容

3　令和3年3月1日現在、国税庁ホームページに掲載されている国税庁通達とQ＆Aを大分類ごとに振り分け、実務ガイドブックとしての機能を高めるとともに、巻末付録として、その目次と本書への掲載の有無も整理しております。

4　本書は、グループ通算制度の重要な項目を抜粋して取り上げ、概略を理解していただくために、図表によるイメージ解説など分かりやすさを重視して、刊行しておりますので、ご活用にあたりましては、その点をご留意ください。

5　本書の内容は、令和3年3月1日現在で公布されている法令等によっておりますが、その後、令和3年度税制改正においては、研究開発税制について所要の整備が行われたほか、適用期限が延長されたその他の租税特別措置等について、連結納税制度の見直しに伴う所要の措置が講じられていますので、実務にあたっては、以下の資料を参考にしてください。
・所得税法等の一部を改正する法律（令和3年法律第11号）
・法人税法施行令の一部を改正する政令（令和3年政令第114号）
・法人税施行規則の一部を改正する省令（令和3年財務省令第16号）
・租税特別措置法施行令等の一部を改正する政令（令和3年政令第119号）
・租税特別措置法施行規則等の一部を改正する省令（令和3年財務省令第21号）
・令和3年度法人税関係法令の改正の概要（国税庁）

〔目　次〕

Part Ⅰ　連結納税制度の見直し－1

Part Ⅱ　連結納税制度の見直し－2

Part Ⅲ　連結納税制度の見直し－3

Part Ⅶ　国税通則関係の改正

巻末付録

Part I
連結納税制度の見直し－1

Part I では、グループ通算制度への見直しの趣旨、制度の考え方及び基本的な仕組みを概説するとともに、実際に制度を適用するに当たって必要となる手続や外形的な要素を中心に図表を用いて分かりやすく解説を行っています。

1　グループ通算制度（法64条の5ほか）
～連結納税制度のグループ通算制度への移行～

要点

> ➤ 連結納税制度の適用実態やグループ経営の実態を踏まえ、損益通算の基本的な枠組みを維持しつつ、企業の事務負担の軽減等の観点から簡素化等の見直しが行われました。

［概要］

《グループ通算制度とは》

　完全支配関係にある企業グループ内の各法人を納税単位として、各法人が個別に課税所得金額及び法人税額の計算並びに申告を行うこととし、同時に企業グループの一体性に着目し、課税所得金額及び法人税額の計算上、企業グループをあたかも一つの法人であるかのように捉え、**損益通算**（※）等の調整を行う仕組みをいいます。

　※　企業グループ内での法人間の損失及び繰越欠損金の共同利用をいいます。

《見直し内容等》

　後発的に修更正（※）事由が生じた場合には、企業グループ内の一法人の課税所得金額等の修正を、その企業グループ内の他の法人の課税所得金額等の計算に反映させない（遮断する）仕組みとされています。

　※　修正申告又は更正・決定をいいます。以下同じです。

［キーワード］

損益通算
（法64の5）

参考法令等　法令131の7ほか、法規27の16の5ほか
　　　　　　　改正解説 P820～、グループ概要 P1～

グループ通算制度における課税所得金額等の計算（イメージ）

通算グループ内の各法人の調整前所得金額に、損益通算等の所要の調整を行い、算出した所得金額に税率を乗じ、さらに必要な調整を行い各通算法人の法人税額を算出

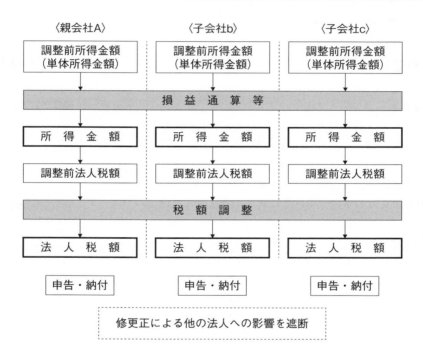

〔財務省ホームページより〕

法人税別表　別表四、四付表、七（一）、七（二）、十八ほか

2　通算承認（法64条の9①②）
〜グループ通算制度のはじまり〜

要点

➤ グループ通算制度は、**通算予定法人**の連名で申請書を提出し、国税庁長官の通算承認を受けて開始します。
➤ 通算承認は、青色申告の承認を前提とした制度となっています。

[概要]

《要件》

　グループ通算制度の適用を受けようとする場合には、内国法人及びその内国法人との間に完全支配関係がある他の内国法人の全て（**親法人**及びその親法人との間にその**親法人による完全支配関係**がある**他の内国法人**に限ります。）が、国税庁長官の承認を受けなければなりません（法64の9①）。

《手続》

　内国法人（親法人及び他の内国法人）は、**通算承認**を受けようとする場合には、その親法人のグループ通算制度の適用を受けようとする最初の事業年度開始の日の3月前の日までに、他の内国法人の全ての連名で、承認申請書をその親法人の納税地の所轄税務署長を経由して、国税庁長官に提出する必要があります（法64の9②）。

（手続イメージは、次ページ参照）

[キーワード]

通算予定法人
（法64の9③）

親法人
（法64の9①）

親法人による
完全支配関係
（法64の9①）

他の内国法人
（法64の9①）

通算承認
（法64の9①）

参考法令等　法令131の12、法規27の16の8
　　　　　　　改正解説 P892、グループ概要 P 1

グループ通算制度の開始手続（イメージ）

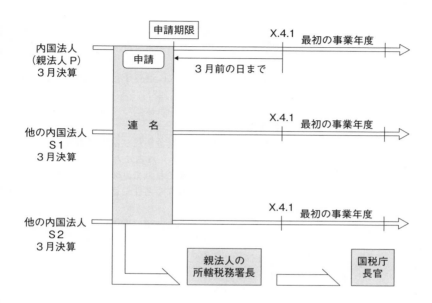

補足メモ🖎

加入法人に関する届出

　通算承認の申請を行う親法人による完全支配関係を有することとなった場合には、遅滞なく、一定の事項を記載した書類を親法人の納税地の所轄税務署長に提出する必要があります（法令131の12③、法規27の16の8③）。

Plus α

連結法人から通算法人へ自動的に移行

　令和4年3月31日において連結親法人に該当する内国法人及び同日の属する連結親法人事業年度終了の日において連結完全支配関係がある連結子法人については、同日の翌日において、通算承認があったものとみなされます（令2改正法附則29①）。

承認申請に対する処分

項　目	内　容
却下 （法64の9③）	国税庁長官は、次のいずれかの事実があるときは、その申請を却下することができます。 イ　通算予定法人のいずれかがその申請を行っていないこと ロ　申請を行っている法人に通算予定法人以外の法人が含まれていること（グ通2-28） ハ　その通算予定法人につき次のいずれかに該当する事実があること 　(イ)　所得の金額又は欠損金額及び法人税の額の計算が適正に行われ難いと認められること 　(ロ)　**適用対象事業年度**において、帳簿書類の備付け、記帳又は保存が青色申告の要件に従って行われることが見込まれないこと 　(ハ)　その備え付ける帳簿書類に取引の全部又は一部を隠蔽し、又は仮装して記載し、又は記録していることその他不実の記載又は記録があると認められる相当の理由があること 　(ニ)　法人税の負担を不当に減少させる結果となると認められること
みなし承認 （法64の9⑤）	親法人の最初の事業年度開始の日の前日までにその申請につき通算承認又は却下の処分がなかったときは、親法人及び他の内国法人（子法人）の全てにつき、その開始の日においてその通算承認があったものとみなされます。
通算承認の効力 （法64の9⑥）	その通算承認は、親法人及び他の内国法人の全てにつき、最初の事業年度開始の日から、その効力が生じます。

Plus α

連結納税制度の適用を受けている法人の取扱い（グループ通算制度の不適用）
　連結親法人が令和4年4月1日以後最初に開始する事業年度開始の日の前日までに「グループ通算制度へ移行しない旨の届出書」を提出した場合には、連結親法人及び当該前日において連結完全支配関係がある連結子法人については、グループ通算制度は適用されません（令2改正法附則29②）。

実務上のポイント（用語編）

通算予定法人	グループ通算制度の適用を受けようとする親法人又は他の内国法人をいいます（法64の9③一）。
親法人	19ページ参照
親法人による完全支配関係	グループ通算制度の適用を受ける親法人による完全支配関係とは、通算除外法人及び外国法人が介在しない一定の完全支配関係に限ります。この一定の完全支配関係とは、内国法人が他の内国法人（通算除外法人を除きます。以下同じです。）の発行済株式等（一定の株式は除かれます。）の全部を保有する場合におけるその内国法人と当該他の内国法人との間の関係（以下「直接完全支配関係」といいます。）をいいます。また、この場合において、その内国法人及びこれとの間に直接完全支配関係がある一若しくは二以上の法人又はその内国法人との間に直接完全支配関係がある一若しくは二以上の法人が他の内国法人の発行済株式等の全部を保有するときは、その内国法人は当該他の内国法人の発行済株式等の全部を保有するものとみなされます（法64の9①、法令131の11②、4の2②）。
他の内国法人	20ページ参照（子法人のことをいいます。）
通算承認	グループ通算制度の適用に係る国税庁長官の承認をいいます（法64の9①②）。
適用対象事業年度	グループ通算制度の適用を受けようとする事業年度をいいます（法64の9③三）。

実務上のポイント（通達編）

2-27（通算グループの完全支配関係の判定における従業員持株会等に係る株式の保有割合の意義）

　通算子法人の発行済株式のうちに令第131条の11第2項《通算法人の範囲》の規定により読み替えられた令第4条の2第2項各号《支配関係及び完全支配関係》に掲げる株式がある場合の完全支配関係の判定は、令第131条の11第2項の規定により読み替えられた令第4条の2第2項に規定する「割合」が5％未満かどうかにより行うのであるから、例えば、通算子法人に係る当該割合が5％未満である状態が継続していたものが5％以上となったときには、当該通算子法人はその時において通算親法人との間に当該通算親法人による通算完全支配関係を有しないこととなることに留意する。

［解説（ポイント）］

　本通達の「例えば」以降について、分かりやすくイメージ化すると、次のとおりになります。

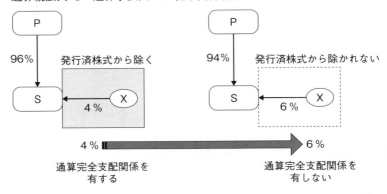

P：通算親法人　S：通算子法人　X：従業員持株会

参考（国税庁通達）

2−28（通算承認の却下事由に該当するものの例示）

　法第64条の9第3項第2号《通算承認》に規定する「その申請を行つている法人に通算予定法人以外の法人が含まれていること」には、例えば、法第64条の10第1項《通算制度の取りやめ等》の承認を受け、法第127条第2項《青色申告の承認の取消し》の規定による通知を受け、又は法第128条《青色申告の取りやめ》に規定する届出書の提出をした内国法人につき、法第64条の9第1項第3号から第5号までに規定する各期間を経過していない場合において、当該内国法人がその申請を行っている法人に含まれていることがこれに該当する。

2−29（最初通算事業年度開始の時までの間に完全支配関係を有することとなった法人のみなし承認）

　法第64条の9第2項《通算承認》に規定する他の内国法人が、既に同項の規定により通算承認の申請を行った同条第1項に規定する親法人との間に、当該申請の時から当該親法人の最初通算事業年度（法第2編第1章第1節第11款第1目《損益通算及び欠損金の通算》の規定の適用を受けようとする最初の事業年度をいう。以下2−37までにおいて同じ。）開始の時までの間に、新たに当該親法人による完全支配関係を有することとなった場合において、当該親法人に対して通算承認の処分があったときは、同条第4項の規定により、当該他の内国法人についても通算承認があったものとみなすことに留意する。

報告書 P22

　申請、承認、却下、取消し等については、現行制度上の取扱いを基本としつつ、現行制度でも青色申告と概ね同等の要件とされていること等を踏まえ、個別申告方式とすることを契機に、青色申告に取り込む等の見直しをすることが考えられる。

参考（国税庁Ｑ＆Ａ）

Ｑ6　連結法人の通算制度への移行に関する手続
連結納税制度の適用を受けている法人は、通算制度の施行日である令和4年4月1日以後に開始する事業年度についてはどのような申告を行うこととなりますか。

Ａ　令和4年4月1日以後最初に開始する事業年度からは、連結納税制度に代えて通算制度の適用を受けることとなり、通算法人として申告を行うこととなります。
ただし、連結親法人が令和4年4月1日以後最初に開始する事業年度開始の日の前日までに税務署長に通算制度を適用しない旨等を記載した届出書を提出した場合には、その連結親法人及び連結子法人は令和4年4月1日以後に開始する事業年度については連結納税制度及び通算制度のいずれも適用しない法人として申告を行うこととなります。

Ｑ7　通算制度の承認の申請書の提出期限
Ｐ社（12月決算）は、自Ｘ5年1月1日至Ｘ5年12月31日事業年度から自社を通算親法人とする通算制度の適用を受けるため、通算制度の承認の申請書を提出する予定ですが、その提出期限はいつになりますか。

Ａ　Ｐ社の通算制度の適用を受けようとする最初の事業年度（自Ｘ5年1月1日至Ｘ5年12月31日事業年度）の開始の日の3月前の日（Ｘ4年9月30日）となります。
なお、通算親法人となるＰ社及び通算子法人となる法人の全てが連名で、通算制度の承認の申請書をＰ社の納税地の所轄税務署長を経由して、国税庁長官に提出することとされています。

Ｑ8　完全支配関係を有しなくなる見込みのある法人に係る通算制度の承認申請書への記載
Ａ社は、完全支配関係がある他の内国法人と、自社を通算親法人とする通算制度の規定の適用を受けるため、通算制度の承認の申請書を提出する予定ですが、当該他の内国法人に該当する法人の1社であるＢ社は、その承認申請期限の日から通算制度の規定の適用を受けようとする事業年度の開始の日の前日までに、Ａ社による完全支配関係を有しなくなる見込みです。
この場合、Ｂ社も連名で通算制度の承認申請書を提出する必要がありますか。

Ａ　Ｂ社も連名で通算制度の承認申請書を提出する必要があります。

Ｑ9　離脱した法人を通算親法人とする通算制度の承認申請
通算子法人であるＳ1社は、通算親法人であるＰ社がＳ1社の発行済株式の50

％を通算グループ外の第三者に譲渡したことに伴い、Ｐ社との間に通算完全支配関係を有しなくなったことから、通算制度の承認の効力を失うこととなりました。

　この場合において、Ｓ１社は、新たに同社を通算親法人とする通算制度の承認申請を行いたいと考えていますが、この承認の効力を失った日から５年を経過していないときであっても、通算制度の承認申請書を提出することはできますか。

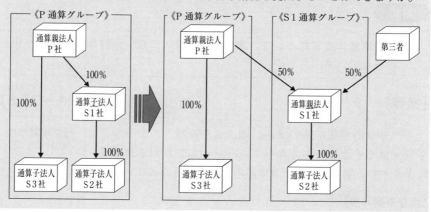

［Ａ］　Ｓ１社は、通算制度の承認申請書を提出することができます。

［Q］10　通算グループへの加入制限がある法人が再加入する場合のみなし承認

　通算親法人Ｐ社は、Ｘ３年12月１日にＳ社（３月決算）の発行済株式の全部を取得し、Ｓ社との間に完全支配関係を有することとなりました。このＳ社は、過去にＰ社の通算子法人でしたが、Ｘ１年12月１日にＰ社がＳ社の株式を通算グループ外の第三者に売却して完全支配関係を有しなくなったことにより、通算承認の効力を失うこととなりました。この場合、Ｓ社はいつの時点でＰ社の通算グループに再加入することになるのでしょうか。

［Ａ］　Ｓ社は、通算承認の効力を失った日（Ｘ１年12月１日）以後５年を経過する日の属する事業年度終了の日の翌日（Ｘ７年４月１日）から、Ｐ社の通算グループに再加入することになります。

［Q］11　承認申請の却下事由

　通算制度の承認申請が却下されるのは、どのような場合ですか。

［Ａ］　通算予定法人（通算親法人となることができる法人又は通算子法人となることができる法人をいいます。以下同じです。）のいずれかがその申請を行っていない場合や通算予定法人について所得の金額等の計算が適正に行われ難いと認められる場合等に却下されることとなります。

3 通算承認の特例（法64条の9⑦）
～設立事業年度等の承認申請特例～

要点

➤ 設立事業年度等について、連結納税制度と同様、承認申請の特例が設けられています。

[概要]

　4ページの承認申請のほか、親法人を新設し、設立事業年度又はその翌事業年度からグループ通算制度の適用を受けようとする場合には、承認申請の特例が設けられています。

《設立事業年度》

　グループ通算制度の適用を受けようとする親法人の最初事業年度が**設立事業年度**である場合の承認申請の期限は、親法人の設立事業年度開始の日から1月を経過する日と設立事業年度終了の日から2月前の日とのいずれか早い日（設立年度申請期限）とされています（法64の9⑦前段）。

《設立事業年度の翌事業年度》

　グループ通算制度の適用を受けようとする親法人の最初事業年度が設立事業年度の翌事業年度である場合（設立事業年度が3月未満に限ります。）の承認申請の期限は、親法人の設立事業年度終了の日と設立事業年度の翌事業年度終了の日から2月前の日とのいずれか早い日（設立翌年度申請期限）とされています（法64の9⑦後段）。

（申請期限のイメージは、次ページ参照）

[キーワード]

設立事業年度
(法64の9⑦)

参考法令等　法令131の13①
　　　　　　　改正概要 P897

承認申請特例（イメージ）

【設立事業年度】

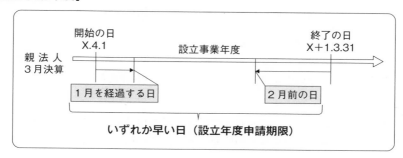

【設立事業年度の翌事業年度（設立事業年度が３月未満の場合に限ります。）】

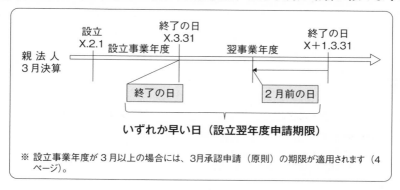

※ 設立事業年度が３月以上の場合には、3月承認申請（原則）の期限が適用されます（4
ページ）。

Plus α

　設立事業年度終了の時に**時価評価資産等**を有する親法人（**時価評価除外法人**を除きます。）は、この設立翌年度の特例の対象外です。

承認申請特例の場合の承認手続とその効力

承認の手続

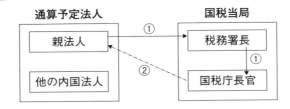

① 親法人が、設立年度申請期限又は設立翌年度申請期限までに適用を受ける
ための書類を親法人の納税地の所轄税務署長を経由して国税庁長官に提出し
ます。

② 申請から2月を経過する日までに処分がなかったときは、親法人及び他の
内国法人の全てにつき、通算承認があったものとみなされます（法64の9⑨）。

承認の効力

法人の区分		効力を生ずる日
イ	**申請特例年度**開始の日の前日の属する事業年度終了の時に時価評価資産等を有する他の内国法人（時価評価除外法人を除き、このイにおいて「時価評価法人」といいます。）及びその時価評価法人が発行済株式等を直接又は間接に保有する他の内国法人	その申請特例年度終了の日の翌日
ロ	親法人及び他の内国法人のうち、上記イの法人以外の法人	申請特例年度開始の日

（法64の9⑩）

実務上のポイント（用語編）

設立事業年度	設立の日の属する事業年度をいいます（法64の9⑦）。
時価評価資産等	次のものをいいます（法64の9⑦、法令131の13①、震災税特令19㊵、グ通2-32）。 1　通算制度の開始に伴う資産の時価評価損益（法64の11①）に規定する時価評価資産（109ページ参照） 2　完全支配関係がある法人の間の取引の損益（法61の11④）に規定する譲渡損益調整額のうち1,000万円以上のもの 3　リース譲渡に係る収益及び費用の帰属事業年度（法63①）に規定するリース譲渡に係る契約のうち繰延長期割賦損益額（A－B又はB－A）が1,000万円以上のもの 　A　そのリース譲渡に係る収益の額（一定の額を除きます。） 　B　そのリース譲渡に係る費用の額（一定の額を除きます。） ※その他、平30改正法令等附則13②参照。 4　収用等に伴い特別勘定を設けた場合の課税の特例（措法64の2④一）、特定の資産の譲渡に伴い特別勘定を設けた場合の課税の特例（措法65の8④一）、特別新事業開拓事業者に対し特定事業活動として出資をした場合の課税の特例（措法66の13②一）又は特定の資産の譲渡に伴い特別勘定を設けた場合の課税の特例（震災税特法20④一）に規定する特別勘定の金額のうち1,000万円以上のもの
時価評価除外法人	法人税法第64条の11第1項各号又は第64条の12第1項各号に掲げる法人をいいます。
申請特例年度	承認申請期限の特例の適用を受けてグループ通算制度の適用を受けようとする最初の事業年度をいいます（法64の9⑨）。

参考（国税庁通達）

2－30（設立事業年度等の承認申請特例の不適用）

　法第64条の９第１項《通算承認》に規定する親法人の事業年度の期間が次に掲げる場合に該当する場合には、それぞれ次に定める事業年度については、同条第７項の規定の適用はないことに留意する。

(1)　当該親法人の設立事業年度（同項に規定する設立事業年度をいう。以下２－30において同じ。）の期間が２月を超えない場合（(2)に該当する場合を除く。）　設立事業年度

(2)　当該親法人の設立事業年度開始の日から当該設立事業年度の翌事業年度終了の日までの期間が２月を超えない場合　設立事業年度及びその翌事業年度

2－31（時価評価資産等の判定における資本金等の額）

　法人が法第64条の９第10項第１号《通算承認》の「時価評価資産その他の政令で定めるもの」を有するかどうかを判定する場合における令第131条の15第１項第５号《通算制度の開始に伴う資産の時価評価損益》に規定する「資本金等の額」は、申請特例年度開始の日の前日の属する事業年度終了の時の資本金等の額となることに留意する。

　法第64条の９第12項第１号の「時価評価資産その他の政令で定めるもの」を有するかどうかを判定する場合における令第131条の16第１項第３号《通算制度への加入に伴う資産の時価評価損益》に規定する「資本金等の額」については、完全支配関係を有することとなった日の前日の属する事業年度終了の時の資本金等の額となることに留意する。

2－32（譲渡損益調整額等が1,000万円以上であるかどうかの判定単位等）

　令第131条の13第１項《時価評価資産等の範囲》の規定の適用上、次に掲げる金額が1,000万円以上であるかどうかの判定に当たっては、それぞれ次のことに留意する。

(1)　同項第２号の譲渡損益調整額（以下２－32において「譲渡損益調整額」という。）　譲渡損益調整額の対象となる譲渡した資産のそれぞれの譲渡損益調整額ごとに判定する。

(2)　同項第３号の繰延長期割賦損益額（以下２－32において「繰延長期割賦損益額」という。）　法第63条第１項《リース譲渡に係る収益及び費用の帰属事業年度》に規定するリース譲渡（以下２－32において「リース譲渡」という。）に係る契約ごとの繰延長期割賦損益額により判定する。

(3)　令第131条の13第１項第４号に規定する特別勘定の金額　その特別勘定の対象となる譲渡した資産又は取得した株式のそれぞれの特別勘定の金額ごとに判定する。同条第２項又は第３項の規定による(1)から(3)までに掲げる金額がそれぞれ1,000万

円に満たないかどうかの判定に当たっても、同様とする。

(注)　(2)の判定を行う場合において、法人が、リース譲渡につき基本通達2－4－5
　　　《延払基準の計算単位》の取扱いにより合理的な区分ごとに一括して延払基準を
　　　適用しているときは、その契約の属する区分の差益率を基として当該契約に係る
　　　繰延長期割賦損益額を計算している限り、これを認める。

2－33(通算法人が株式移転により他の通算グループに属することとなる場合の申請特例年度の直前事業年度における時価評価法人の判定)

　株式移転により設立された法人が、通算グループに属する通算親法人の発行済株式
の全部を当該株式移転により取得をして保有した上で、法第64条の9第7項《通算承
認》の規定の適用を受けて通算承認の申請を行う場合における当該通算グループに属
する通算親法人及び通算子法人は、当該株式移転により設立された法人の申請特例年
度開始の日の前日の属するそれぞれの事業年度終了の時において、それぞれ同条第10
項第1号の「時価評価資産その他の政令で定めるもの」を有するかどうかにより同号
の時価評価法人に該当するかどうかの判定を行う必要があることに留意する。

2－34(最初通算事業年度開始の日に完全支配関係を有することとなった法人の取扱い)

　法第64条の9第4項《通算承認》の規定により通算承認があったものとみなされる
同項に規定する他の内国法人は、当該他の内国法人に係る同条第1項に規定する親法
人の最初通算事業年度の開始の時に当該親法人との間に完全支配関係がある法人に限
られるのであるから、例えば、当該最初通算事業年度の開始の日に2－33《通算法人
が株式移転により他の通算グループに属することとなる場合の申請特例年度の直前事
業年度における時価評価法人の判定》の場合に該当することとなった当該通算グルー
プに属する当該通算親法人及び当該通算子法人はこれに該当するが、当該最初通算事
業年度の開始の日に当該親法人によって設立された法人のように当該開始の日におい
て当該親法人との間に完全支配関係を有することとなった法人はこれに該当せず、同
条第11項の規定の適用があることに留意する。

4 適用対象法人（法64条の9①）
～親法人、他の内国法人（子法人）など～

要点

> ➤ 適用対象法人は、親法人とその親法人による完全支配関係のある子法人に限られます。

[概要]

　適用対象法人は、次の《親法人》とその親法人との間にその**親法人による完全支配関係**がある次の《子法人》に限られます（法64の9①）。

《親法人》

　親法人（次ページ）とは、内国法人である**普通法人**又は協同組合等のうち、清算中の法人など一定の法人（次ページ）に該当しない法人をいいます（法64の9①）。

《子法人》

　子法人（20ページ）とは、親法人との間にその親法人による完全支配関係がある他の内国法人のうち、通算除外法人（20ページ）に該当しない法人をいいます（法64の9①）。

（具体的な説明は、次ページ参照）

[キーワード]

親法人による
完全支配関係
（法64の9①）

普通法人
（法2九）

関連条文　法令131の11①
　　　　　　改正解説 P893・894、グループ概要 P1

親　法　人

下記の図において、網かけ部分が「親法人」となります。

内国法人である普通法人又は協同組合等

一定の法人（適用対象外）

(1)　清算中の法人
(2)　普通法人（外国法人を除きます。）又は協同組合等との間にその普通法人又は協同組合等による完全支配関係（通算除外法人及び外国法人が介在しない一定の関係に限ります。）がある法人
(3)　通算制度の取りやめ（法64の10①）の承認を受けた法人でその承認を受けた日の属する事業年度終了の日の翌日から同日以後5年を経過する日の属する事業年度終了の日までの期間を経過していない法人
(4)　青色申告の承認の取消しの通知（法127②）を受けた法人でその通知を受けた日から同日以後5年を経過する日の属する事業年度終了の日までの期間を経過していない法人
(5)　青色申告の取りやめ（法128）の届出書を提出した法人で、その届出書を提出した日から同日以後1年を経過する日の属する事業年度終了の日までの期間を経過していない法人
(6)　投資法人（投資信託及び投資法人に関する法律第2条第12項）
(7)　特定目的会社（資産の流動化に関する法律第2条第3項）
(8)　法人課税信託（投資信託及び投資法人に関する法律第2条第3項に規定する投資信託又は資産の流動化に関する法律第2条第13項に規定する特定目的信託に限ります。）に係る受託法人（法4の3）

（法64の9①、法令131の11①）

(3)と(4)を除き、適用対象法人から除かれる範囲は連結納税制度と同じです。

子　法　人

下記の図において、網かけ部分が「子法人」となります。

```
┌─────────────────── 内国法人 ───────────────────┐
│                                                    │
│  ┌─ 通算除外法人（適用対象外）──────────────────┐ │
│  │                                                │ │
│  │ (1)　通算制度の取りやめ（法64の10①）の承認を受けた法人でその │ │
│  │    承認を受けた日の属する事業年度終了の日の翌日から同日以後5年 │ │
│  │    を経過する日の属する事業年度終了の日までの期間を経過していな │ │
│  │    い法人                                      │ │
│  │ (2)　青色申告の承認の取消しの通知（法127②）を受けた法人でその │ │
│  │    通知を受けた日から同日以後5年を経過する日の属する事業年度終 │ │
│  │    了の日までの期間を経過していない法人        │ │
│  │ (3)　青色申告の取りやめ（法128）の届出書を提出した法人でその届 │ │
│  │    出書を提出した日から同日以後1年を経過する日の属する事業年度 │ │
│  │    終了の日までの期間を経過していない法人      │ │
│  │ (4)　投資法人（投資信託及び投資法人に関する法律第2条第12項） │ │
│  │ (5)　特定目的会社（資産の流動化に関する法律第2条第3項）    │ │
│  │ (6)　普通法人以外の法人                        │ │
│  │ (7)　破産手続開始の決定を受けた法人            │ │
│  │ (8)　通算親法人との間に通算完全支配関係を有しなくなったことによ │ │
│  │    り通算承認の効力を失った法人（一定の法人を除きます。）で、そ │ │
│  │    の効力を失った日から同日以後5年を経過する日の属する事業年度 │ │
│  │    終了の日までの期間を経過していない法人      │ │
│  │ (9)　法人課税信託（投資信託及び投資法人に関する法律第2条第3項 │ │
│  │    に規定する投資信託又は資産の流動化に関する法律第2条第13項 │ │
│  │    に規定する特定目的信託に限ります。）に係る受託法人（法4の3） │ │
│  │                                                │ │
│  └────────────────────────────────────────────┘ │
│                                                    │
└────────────────────────────────────────────────┘
```

（法64の9①、法令131の11③）

適用対象法人から除かれる範囲は連結納税制度と同じです。

実務上のポイント（用語編）

親法人による 完全支配関係	7ページ参照
普通法人	公共法人、公益法人等及び協同組合等以外の法人をいい、人格のない社団等を含みません（法2九）。

Plus α

連結納税制度の適用を受けている法人の取扱い
（移行しない届出によるその後の効果）
　連結納税制度の適用を受けていた法人は、最終連結事業年度終了の日の翌日から5年間は、19ページ(3)及び前ページ(1)により通算親法人及び通算子法人になることはできません（令2改正法附則29③④）。

参考（国税庁通達及びＱ＆Ａ）

➤国税庁通達

2－1（通算親法人及び通算子法人の意義）

　法第２条第12号の６の７《定義》に規定する「通算親法人」及び同条第12号の７に規定する「通算子法人」とは、法第64条の９第４項《通算承認》の規定により通算承認の処分を受け、又は同項若しくは同条第５項、第９項、第11項若しくは第12項の規定により通算承認があったものとみなされるとともに、同条第６項及び第10項から第12項までの規定により通算承認の効力が生じている法人をいうことに留意する。

➤国税庁Ｑ＆Ａ

Ｑ1　通算親法人となることができる法人

　通算制度において、通算親法人となることができる法人は、どのような法人ですか。

Ａ 　内国法人である普通法人又は協同組合等に限ります。ただし、清算中の法人など一定の法人は除きます。

Ｑ2　通算子法人となることができる法人

　通算制度において、通算子法人となることができる法人は、どのような法人ですか。

Ａ 　通算親法人となる法人又は通算親法人による一定の完全支配関係がある内国法人に限ります。ただし、通算除外法人は通算子法人となることができません。

Ｑ3　完全支配関係と通算完全支配関係の意義

　完全支配関係と通算完全支配関係とは、それぞれどのような関係をいいますか。

Ａ 　完全支配関係とは、一の者が法人の発行済株式若しくは出資（その法人が有する自己の株式又は出資を除きます。以下「発行済株式等」といいます。）の全部を直接若しくは間接に保有する一定の関係又は一の者との間にその一定の関係がある法人相互の関係をいいます。

　通算承認を受けることができる親法人による完全支配関係は、通算除外法人及び外国法人が介在しない一定の完全支配関係に限られます。

　通算完全支配関係とは、通算親法人と通算子法人との間の一定の完全支配関係又は通算親法人との間にその一定の完全支配関係がある通算子法人相互の関係をいいます。

Q4 通算子法人となることができない法人（外国法人が介在している場合）

通算親法人であるP社は、外国法人であるS1社の発行済株式の全てを保有しています。この度、S1社は、内国法人である普通法人S2社の発行済株式の全てを保有することとなりました。

この場合、P社がS2社の発行済株式の全てを間接に保有していることから、S2社は、P社の通算子法人となることができますか。

A S2社は、P社の通算子法人となることができません。

Q5 通算子法人となることができない法人（一般財団法人）

通算親法人が設立する一般財団法人は、通算子法人になることができますか。

A 一般財団法人は通算子法人になることができません。

5　事業年度の特例（法14条①～⑦）
～通算法人のみなし事業年度～

要点

➢ グループ通算制度では、通算親法人の事業年度で申告を行うこととなります。

➢ 通算子法人に該当する期間等については、通算親法人と同じ期間が事業年度となります。

[概要]　　　　　　　　　　　　　　　　　　　　[キーワード]

《事業年度の特例》

　内国法人が事業年度の中途において解散をしたことなど一定の事実が生じた場合には、その事実が生じた法人の事業年度は、その解散の日など一定の日に終了し、これに続く事業年度は、一定の場合を除き、その一定の日の翌日から開始することになります（法14①）（33ページ）。

《通算親法人等の事業年度の特例》

　グループ通算制度では、通算子法人の事業年度は通算親法人の事業年度の開始の日に開始するものとし、通算親法人の事業年度の終了の日に終了するものとするなど通算親法人の事業年度に合わせた事業年度となります（法14②～⑦）。

（具体的な内容は、次ページ参照）

参考法令等　改正解説 P957、グループ概要 P 2

グループ通算制度における事業年度の特例

　グループ通算制度においては、連結納税制度と同様に、次表のようにその場面等に応じた事業年度の特例が設けられています（法14②〜⑦）。

項　　　目	場　面　等	該当ページ
1　通算親法人の事業年度の特例（法14②）	**通算制度の取りやめ**	26ページ
2　通算子法人の事業年度の特例（法14③）	子法人事業年度の基本的考え方	27ページ
3　通算子法人の通算制度の開始・加入・離脱の場合の事業年度の特例（法14④）	開始／加入／離脱	28ページ
4　**申請特例年度**における子法人の事業年度の特例Ⅰ（法14⑤）	開始／加入	29ページ
5　申請特例年度における子法人の事業年度の特例Ⅱ－1（法14⑥）	開始	30ページ
6　申請特例年度における子法人の事業年度の特例Ⅱ－2（法14⑥）	加入	31ページ
7　通算子法人の事業年度と会計期間等との関係（法14⑦）	子法人事業年度の基本的考え方	32ページ

通算親法人の事業年度の特例（法14②）

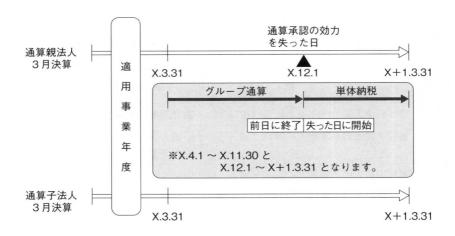

通算親法人　3月決算

通算承認の効力を失った日

X.3.31　　　　　　　X.12.1　　　　　X+1.3.31

グループ通算　　　　単体納税

前日に終了　失った日に開始

※X.4.1 ～ X.11.30 と
　　X.12.1 ～ X+1.3.31 となります。

通算子法人　3月決算

X.3.31　　　　　　　　　　　　　X+1.3.31

適用事業年度

　通算親法人が、**次の事由**が生じたことにより通算承認の効力を失った場合には、その通算親法人であった内国法人の事業年度は、その**効力を失った日の前日に終了**し、これに続く事業年度は、その**効力を失った日から開始**することになります。

　イ　青色申告の承認の取消しの通知を受けたこと
　ロ　通算親法人と内国法人（普通法人又は協同組合等）との間にその内国法人による完全支配関係が生じたこと
　ハ　通算親法人と内国法人（公益法人等）との間にその内国法人による完全支配関係がある場合において、その内国法人が普通法人又は協同組合等になったこと
　ニ　通算法人が通算親法人のみとなったこと

補足メモ✎

　この取扱いは、連結納税制度の場合と同様です（以下、27ページ、29ページ及び32ページについても同じです。）。

通算子法人の事業年度の特例（法14③）

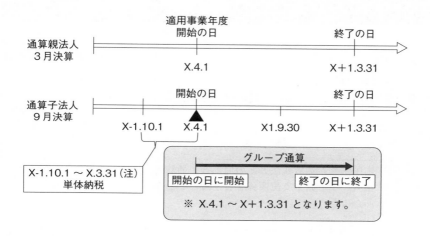

　　通算子法人で、通算親法人の事業年度開始の時にその通算親法人との間に通算完全支配関係があるものの事業年度は、**その開始の日に開始**するものとし、**通算子法人**で、通算親法人の事業年度終了の時にその通算親法人との間に**通算完全支配関係**があるものの事業年度は、その**終了の日に終了**することになります。

(注)　**通算子法人となろうとする法人**が通算親法人による完全支配関係を有することとなった場合の事業年度は、その完全支配関係を有することとなった日の前日に終了することになります（法14④一）（次ページ参照）。

Plus α

➤ グループ通算制度は個別申告方式ですが、税務申告では通算親法人の事業年度に合わせて申告します。

通算子法人の
通算制度の開始・加入・離脱の場合の
事業年度の特例（法14④）

　次の事実が生じた場合には、その事実が生じた内国法人の事業年度は、それ
ぞれ**次に記載の日の前日に終了**し、これに続く事業年度は、一定の事実が生じ
た場合を除き、それぞれ**次に記載の日から開始**することになります。

<table>
<tr><th colspan="2"></th><th>事　実</th><th>日</th></tr>
<tr><td rowspan="3">開　始
・
加　入</td><td colspan="2">内国法人が通算親法人との間にその通算親法人による完全支配関係を有することとなったこと</td><td>その有することとなった日</td></tr>
<tr><td colspan="3">Plus α
　これは、通算親法人の通算承認を受けた日の属する事業年度開始の時にその通算親法人との間に完全支配関係がある法人についても適用されます。</td></tr>
<tr><td colspan="3">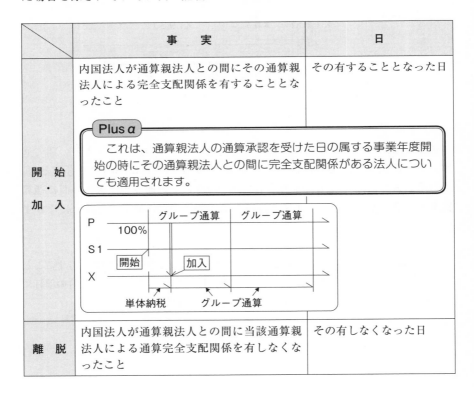</td></tr>
<tr><td>離　脱</td><td colspan="2">内国法人が通算親法人との間に当該通算親法人による通算完全支配関係を有しなくなったこと</td><td>その有しなくなった日</td></tr>
</table>

補足メモ🖊

　この取扱いは、離脱日に開始する事業年度終了の日が親法人の事業年度
終了の日とならない点を除き、連結納税制度と同様です。

申請特例年度における
子法人の事業年度の特例Ⅰ　（法14⑤）

　次の内国法人（子法人）の事業年度は、**次に記載の日の前日に終了**し、これに続く事業年度は、**次に記載の日から開始**することになります。

Ⅰ　申請特例年度開始の時

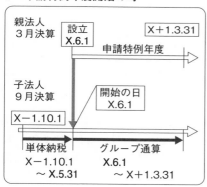

内国法人（子法人）	日
親法人の申請特例年度開始の時にその親法人との間に完全支配関係がある子法人	その申請特例年度開始の日

Ⅱ　申請特例年度の期間内

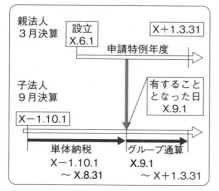

内国法人（子法人）	日
親法人の申請特例年度の期間内にその親法人による完全支配関係を有することとなった子法人	その有することとなった日

　なお、これらの子法人が通算承認を受けなかったとき、又は申請特例年度終了の日の翌日に通算承認の効力が生ずる法人に該当するときは、次ページ及び31ページの取扱いとなります。

申請特例年度における
子法人の事業年度の特例 II－1（法14⑥）

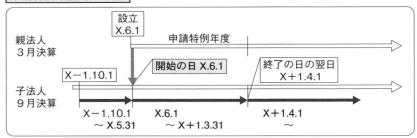

申請特例年度開始の時

　親法人の申請特例年度開始の時（**X.6.1**）にその親法人との間に完全支配関係がある子法人の事業年度は、その申請特例年度開始の日の前日（**X.5.31**）に終了し、これに続く事業年度は、その申請特例年度開始の日（**X.6.1**）から開始することになります（前ページ）。

　また、この子法人が通算承認を受けなかったとき、又はこの子法人が申請特例年度終了の日の翌日（**X＋1.4.1**）に通算承認の効力が生ずる法人（14ページのイ）に該当するときは、この子法人の申請特例年度開始の日（**X.6.1**）から開始する事業年度は、申請特例年度終了の日（**X＋1.3.31**）に終了し、これに続く事業年度は、その申請特例年度終了の日の翌日（**X＋1.4.1**）から開始することになります。

Plus α

　申請特例年度終了の日（**X＋1.3.31**）前にこの子法人の合併による解散又は残余財産の確定により親法人との間に完全支配関係を有しなくなった場合には、この子法人の申請特例年度開始の日（**X.6.1**）から開始する事業年度は、その有しなくなった日の前日に終了することになります。

申請特例年度における
子法人の事業年度の特例Ⅱ－2（法14⑥）

申請特例年度の期間内

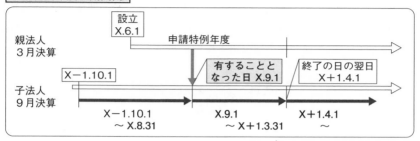

　親法人の申請特例年度の期間内にその親法人との間に完全支配関係を有することとなった内国法人（子法人）の事業年度は、その有することとなった日の前日（X.8.31）に終了し、これに続く事業年度は、その有することとなった日（X.9.1）から開始することになります（29ページ）。

　また、この子法人が通算承認を受けなかったとき、又はこの子法人が申請特例年度終了の日の翌日（X+1.4.1）に通算承認の効力が生ずる法人に該当するときは、この子法人の有することとなった日（X.9.1）から開始する事業年度は、申請特例年度終了の日（X+1.3.31）に終了し、これに続く事業年度は、その申請特例年度終了の日の翌日（X+1.4.1）から開始することになります。

Plus α

　申請特例年度終了の日（X+1.3.31）前にこの子法人の合併による解散又は残余財産の確定により親法人との間に完全支配関係を有しなくなった場合には、この子法人の有することとなった日（X.9.1）から開始する事業年度は、その有しなくなった日の前日に終了することになります。

通算子法人の事業年度と
会計期間等との関係（法14⑦）

　「内国法人の通算子法人に該当する期間」及び「29ページのⅠ又はⅡの子法人のⅠ又はⅡに記載の日から申請特例年度終了の日までの期間」（以下「内国法人の通算子法人に該当する期間等」といいます。）については、法人税法第13条第1項の規定及び同法第14条第1項の規定は、適用されません。

内国法人の通算子法人に該当する期間等については、通算親法人の事業年度と同じ期間を事業年度とする（27ページ）ほか、離脱の日で事業年度を区切ることとなります（28ページ）。

（注）会計期間の終了の日や法人税法第14条第1項（次ページ）の事実が生じた日で事業年度を区切ることはありません。

事業年度の特例（法14①）

　令和２年改正法前の法人税法第14条の見出しの文言が「みなし事業年度」から「事業年度の特例」に改正されたことにより、これまでの事業年度とみなす制度から以下のとおり構造が変更されましたが、税務上の取扱いにおける内容の変更はありません。

一定の事実	一定の日 （事業年度終了）
1　内国法人が事業年度の中途において解散（合併による解散を除きます。）をしたこと	その解散の日
2　法人が事業年度の中途において合併により解散したこと	その合併の日の前日
3　内国法人である公益法人等又は人格のない社団等が事業年度の中途において新たに収益事業を開始したこと（人格のない社団等にあっては、会計期間の届出をしないことにより、その年の１月１日から12月31日までの期間が会計期間とされる場合を除きます。）	その開始した日の前日
4　公益法人等が事業年度の中途において普通法人若しくは協同組合等に該当することとなったこと又は普通法人若しくは協同組合等が事業年度の中途において公益法人等に該当することとなったこと	その事実が生じた日の前日
5　清算中の法人の残余財産が事業年度の中途において確定したこと	その残余財産の確定の日
6　清算中の内国法人が事業年度の中途において継続したこと	その継続の日の前日
7　恒久的施設を有しない外国法人が事業年度の中途において恒久的施設を有することとなったこと	その有することとなった日の前日
8　恒久的施設を有する外国法人が事業年度の中途において恒久的施設を有しないこととなったこと	その有しないこととなった日
9　恒久的施設を有しない外国法人が、事業年度の中途において、国内において新たに法人税法第138条第１項第４号に規定する事業を開始し、又はその事業を廃止したこと	その事業の開始の日の前日又はその事業の廃止の日

実務上のポイント（用語編）

通算制度の取りやめ	やむを得ない事情がある場合で、国税庁長官の承認を受けたときに限り、制度の取りやめが認められます（法64の10）（46ページ）。
申請特例年度	15ページ参照
通算完全支配関係	通算親法人と通算子法人との間の完全支配関係（通算除外法人及び外国法人が介在しない一定の関係に限ります。7ページ）又は通算親法人との間にその完全支配関係がある通算子法人相互の関係をいいます（法2十二の七の七）。
親法人	19ページ参照

実務上のポイント（通達編）

> **2-3（通算子法人に更生手続開始決定があった場合の事業年度）**
> 更生手続開始の決定を受けた更生会社の事業年度は、会社更生法第232条第2項《法人税法等の特例》の規定により、その開始の時に終了し、これに続く事業年度は、更生計画認可の時（その時までに更生手続が終了したときは、その終了の日）に終了するのであるが、通算子法人が更生手続開始の決定を受けた場合であっても、当該通算子法人が当該通算子法人に係る通算親法人の事業年度を通じて当該通算親法人との間に通算完全支配関係があるときは、当該通算子法人の事業年度は、法第14条第3項《事業年度の特例》の規定により当該通算親法人の事業年度と同じ期間となることに留意する。
> 　金融機関等の更生手続の特例等に関する法律第148条の2第2項《法人税法等の特例》又は第321条の2第2項《法人税法等の特例》の更生協同組織金融機関又は更生会社の事業年度についても、同様とする。

［解説（ポイント）］

　会社更生法の規定にかかわらず、税務上はグループ通算制度における通算子法人の事業年度は、原則として、通算親法人の事業年度に合わせた事業年度とする考え方に基づき、その事業年度については手続開始の時に区分されないこととされています。この点、本通達の内容を分かりやすくイメージ化すると、次のとおりになります。

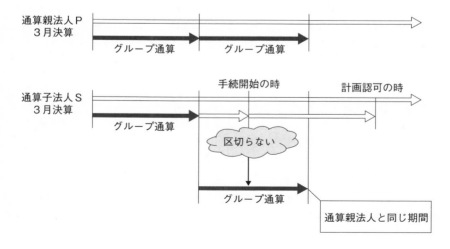

参考（国税庁Q&A）

Q 23　通算親法人となる法人と決算期が異なる通算子法人となる法人の通算制度の規定の適用時期と事業年度の特例

　P社（3月決算）は、自X2年4月1日至X3年3月31日事業年度より通算制度の規定の適用を受けるため、その事業年度の開始の日の3月前の日までに通算制度の承認申請書を提出しました。この承認申請書に記載した通算子法人となる法人の中には、P社と決算期が異なる法人S社（9月決算）があります。
(1)　S社はいつから通算制度の規定の適用を受けることとなりますか。
(2)　S社は上記(1)に伴いどのような申告を行うこととなりますか。

　なお、通算制度の規定の適用を受けようとする事業年度の開始の日（X2年4月1日）の前日までに、通算制度の承認申請に係る処分はありませんでした。

A　(1)　自X2年4月1日至X3年3月31日事業年度から通算制度の規定を適用して申告を行うこととなります。
　　(2)　自X1年10月1日至X2年3月31日事業年度について、通算制度の規定を適用しないで申告を行うこととなります。

Q 24　通算制度に加入する場合の事業年度の特例

　S社（3月決算）は、通算親法人P社（3月決算）がX1年10月1日にS社の発行済株式の全てを取得したことから、P社の通算グループに加入することとなりました。
　この場合、S社はどのような申告を行うこととなりますか。

A　P社との間に完全支配関係を有することとなった日（以下「加入日」といいます。）であるX1年10月1日の前日の属する事業年度開始の日（X1年4月1日）からその加入日の前日（X1年9月30日）までの期間について、通算制度の規定を適用しないで申告を行うこととなります。また、その加入日から事業年度終了の日（X2年3月31日）までの期間については、P社の通算子法人として通算制度の規定を適用して申告を行うこととなります。

Q 25　通算制度から離脱する場合の事業年度の特例

　通算子法人S社（12月決算）は、通算親法人P社（3月決算）がX1年10月1日にS社の発行済株式の50%を通算グループ外の第三者に譲渡したことから、P社の通算グループから離脱することとなりました。
　この場合、S社はどのような申告を行うこととなりますか。

A　通算親法人（P社）の事業年度開始の日（X1年4月1日）からP社との間にその通算完全支配関係を有しなくなった日であるX1年10月1日（以下「離脱日」とい

います。）の前日（Ｘ１年９月30日）までの期間については、損益通算の規定等の適用はありませんが、通算法人として申告を行うこととなります。

　また、離脱日から通算子法人（Ｓ社）の事業年度終了の日（Ｘ１年12月31日）までの期間については、通算制度の規定を適用しないで申告を行うこととなります。

Q 26　通算親法人の同一の事業年度中に加入及び離脱をした法人の事業年度の特例

　Ｓ社（12月決算）は、通算親法人Ｐ社（３月決算）がＸ１年８月10日にＳ社の発行済株式の全てを取得したことから、Ｐ社の通算グループに加入することとなりました。

　しかし、Ｐ社がその事業年度中であるＸ２年３月20日にＳ社の発行済株式の50％を通算グループ外の第三者に譲渡したことから、Ｓ社はＰ社の通算グループから離脱することとなりました。

　この場合、Ｓ社はどのような申告を行う必要がありますか。

A　Ｓ社は、①自Ｘ１年１月１日至Ｘ１年８月９日事業年度、②自Ｘ１年８月10日至Ｘ２年３月19日事業年度及び③自Ｘ２年３月20日至Ｘ２年12月31日事業年度について、それぞれ申告を行うこととなります。

　なお、②の事業年度については、Ｓ社に通算制度の承認の効力が生じていますが、損益通算の規定等の適用はありません。

Q 27　設立事業年度等の承認申請特例による通算制度の承認申請の承認前に離脱した法人の事業年度

　Ｘ２年４月１日に設立されたＰ社（３月決算）は、自Ｘ２年４月１日至Ｘ３年３月31日を通算制度の適用を受ける最初の事業年度とするいわゆる設立事業年度等の承認申請特例の承認を受けるため、Ｘ２年４月20日に通算制度の承認申請書を提出しました。

　その後、通算制度の承認の申請が承認又は却下される前のＸ２年５月１日に、Ｐ社は、Ｐ社との間に完全支配関係を有していたＳ社（９月決算）の発行済株式の全てを通算グループ外の第三者に譲渡することとなりました。

　この場合、Ｓ社は、どのような申告を行う必要がありますか。

A　Ｓ社は、①自Ｘ１年10月１日至Ｘ２年３月31日事業年度、②自Ｘ２年４月１日至Ｘ３年３月31日事業年度及び③自Ｘ３年４月１日至Ｘ３年９月30日事業年度について、それぞれ申告を行う必要があります。

　なお、いずれの事業年度についても通算制度の規定の適用はありません。

6 事業年度の特例（法14条⑧）
～加入時期の特例等～

要点

➤ グループ通算制度では、連結納税制度と同様、加入日の調整ができる
加入時期の特例が設けられています。

［概要］

《原則》

　通算子法人となる法人が、通算親法人による完全支配関係を有することとなり、又は、親法人の申請特例年度の期間内に親法人による完全支配関係を有することとなった場合には、その通算子法人となる法人の事業年度は、**加入日**の前日に終了し、これに続く事業年度は、その加入日から開始することになります（法14④一、⑤二）（28、29ページ）。

　また、通算子法人で通算親法人の事業年度終了の時にその通算親法人との間に通算完全支配関係がある法人の事業年度は、その終了の日に終了するものとなります（法14③）（27ページ）。

《加入時期の特例》

　上記の場合において、**通算親法人等**が**特例決算期間**などを記載した加入時期の特例に関する一定の書類をその提出期限内に納税地の所轄税務署長に提出することにより、この特例の適用を受けることができます（法14⑧）。

（具体的な内容は、次ページ参照）

参考法令等　法規8の3の3
　　　　　　　　改正概要 P959、グループ概要 P3

［キーワード］

加入日
（法14⑧）

通算親法人等
（法14⑧）

特例決算期間
（法14⑧）

加入時期の特例Ⅰ（特例決算期間を会計期間とした場合）

　加入時期の特例の適用を受けることにより、通算子法人となる法人の事業年度を、前ページの原則にかかわらず、次の区分に応じて、それぞれ次に記載の日とすることができます（法14⑧、法規8の3の3）。

区　　　分	日
Ⅰ　加入日から当該加入日の前日の属する特例決算期間の末日まで継続して通算親法人等による完全支配関係がある場合	特例決算期間の末日の翌日を加入日とします。

通算親法人の事業年度の中途に加入した場合

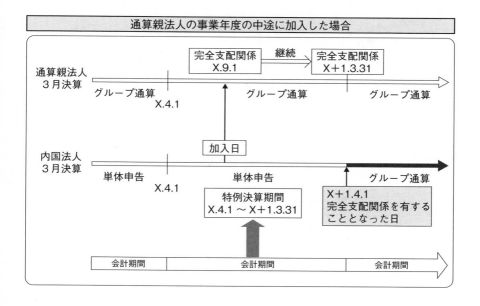

加入時期の特例Ⅱ（特例決算期間を会計期間とした場合）

区　分	日
Ⅱ　前ページⅠの場合以外の場合、すなわち、加入日から特例決算期間の末日までに完全支配関係を有しないこととなった場合	加入日の前日を事業年度終了の日としません。その法人の会計期間が事業年度となります。

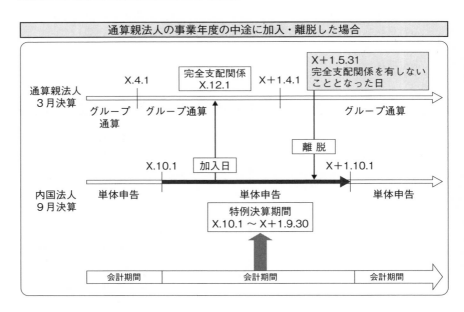

通算親法人の事業年度の中途に加入・離脱した場合

実務上のポイント（用語編）

加入日	完全支配関係を有することとなった日をいいます（法14⑧）。
通算親法人等	法人税法第14条第8項において通算親法人又は親法人をいいます（法14⑧）。
特例決算期間	通算子法人となる法人の月次決算期間又は<u>会計期間</u>のうち、加入時期の特例に関する一定の書類に記載された期間をいいます（法14⑧一）。

（注）　月次決算期間とは、会計期間をその開始の日以後1月ごとに区分した各期間（最後に1月未満の期間を生じたときは、その1月未満の期間）をいいます（法14⑧一イ）。

補足メモ✎

　特例決算期間として「会計期間」が新たに設けられた点が連結納税制度からの変更点です。

実務上のポイント（通達編）

> **2-4（完全支配関係法人がある場合の加入時期の特例の適用）**
> 　内国法人と他の内国法人との間に当該内国法人による完全支配関係（法第64条の9第1項《通算承認》に規定する政令で定める関係に限る。以下2-11を除き同じ。）がある場合において、当該内国法人が法第14条第8項第1号《事業年度の特例》の規定の適用を受けるときは、当該他の内国法人も同号の規定の適用を受けるのであるから留意する。

[解説（ポイント）]

　本通達は、グループ通算制度においては、通算子法人となる法人（加入法人）が、法人税法第14条第8項第1号の加入時期の特例（以下「加入時期の特例」といいます。）を選択した場合には、その子法人についても同号を強制適用することを定めたものであり、同号の規定振りからでは加入法人の子法人も強制適用されることが若干分かりにくいことから、その点が留意的に明らかにされています。

　これは、グループ通算制度では、加入時期の特例として会計期間の特例が新たに措置され、加入を遅らせる期間を最大1年とされることとなったこと等を機に、加入法人がこの加入時期の特例を選択した場合には、その子法人も加入法人と同時期まで加入を遅らせることを目的としたものです。

（注）　連結納税制度においては、この加入法人及びその子法人が各々この加入時期の特例を選択することが可能とされていましたので、この点、令和2年度改正において取扱いが変更されています。

Plus α

　加入法人がこの加入時期の特例を適用しない場合でも、その加入法人の子法人が「内国法人（加入法人）」としてこの加入時期の特例を選択することができます。

┌───┐
2-5 （通算法人が他の通算グループに加入する場合の加入時期の特例の適用）
　通算親法人の発行済株式又は出資の全部が他の通算グループ（他の通算親法人及び当該他の通算親法人との間に当該他の通算親法人による通算完全支配関係を有する法人によって構成されたグループをいう。以下2-53までにおいて同じ。）に属する通算法人に保有されることとなったことにより、当該通算親法人及びその通算子法人が当該他の通算グループに属する通算法人との間に当該他の通算グループに属する通算法人による完全支配関係を有することとなった場合における当該通算親法人及び当該通算子法人は、法第14条第8項《事業年度の特例》の規定の適用を受けることができることに留意する。
（注）　当該通算親法人及び当該通算子法人が同項第1号の規定の適用を受ける場合における当該通算親法人及び当該通算子法人の事業年度は、当該通算親法人にあっては同条第2項の規定により、当該通算子法人にあっては同条第4項第2号の規定により、それぞれ当該完全支配関係を有することとなった日の前日に終了するのであるから留意する。
└───┘

[解説（ポイント）]

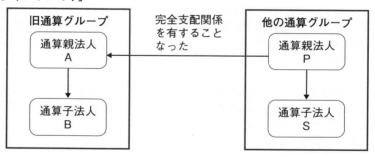

　本通達では、上の図のように、通算親法人A及び通算子法人Bが他の通算グループの通算親法人Pによる完全支配関係を有することとなった場合において、通算親法人A及び通算子法人Bが、加入時期の特例（法14⑧）の適用が可能であることが留意的に明らかにされています。

　具体的には、通算親法人A及び通算子法人Bが加入時期の特例（法14⑧一に係る部分に限ります。）の適用を受ける場合の事業年度は、旧通算グループの離脱日の前日に事業年度が終了し、通算親法人Aの特例決算期間の末日までの間の事業年度については通算親法人A及び通算子法人Bともグループ通算制度を適用しない事業年度となります。

参考（国税庁Q＆A）

Q 28　**会計期間の中途で通算制度に加入する法人の加入時期の特例**

　通算親法人P社（3月決算）が、X1年12月3日にS社（3月決算）の発行済株式の全てを取得したため、S社はP社の通算グループに加入することとなりました。
　S社は、この加入に伴って生ずる事業年度について申告を行うこととなりますが、その申告に際して、会計期間の末日の翌日を加入日とする加入時期の特例があると聞きました。
(1)　この特例を適用した場合、S社はどのような申告を行うこととなりますか。
(2)　この特例の適用を受けるには、どのような手続が必要となりますか。

A　(1)　S社は、自X1年4月1日至X2年3月31日事業年度について、通算制度の規定を適用しないで申告を行うこととなります（S社は、自X2年4月1日至X3年3月31日事業年度より、P社の通算グループ内の通算法人として、通算制度の規定を適用して申告を行うこととなります。）。
　　(2)　この特例の適用がないものとした場合に生ずることとなるS社の通算グループに加入する日（X1年12月3日）の前日の属する事業年度（自X1年4月1日至X1年12月2日事業年度）に係る確定申告書の提出期限となる日までに、P社がこの特例を受ける旨等を記載した書類を納税地の所轄税務署長に提出する必要があります。

Q 29　**通算制度の加入時期の特例を適用することとした法人が、会計期間の末日までに完全支配関係を有しなくなった場合の申告**

　S社（9月決算）は、通算親法人P社（3月決算）がX1年12月3日に自社の発行済株式の全てを取得したため、P社の通算グループに加入することとなりました。
　S社は、これによって生ずる加入した日の前日の属する事業年度について、会計期間の末日の翌日を加入日とする加入時期の特例を適用して申告を行うこととし、P社は、S社がその適用を受けるための一定の書類をその提出期限内に納税地の所轄税務署長に提出しました。
　しかし、X2年5月25日にP社がS社の株式を通算グループ外の第三者へ売却したことから、S社はP社による完全支配関係（通算除外法人及び外国法人が介在しない一定の関係に限ります。以下同じです。）を有しないこととなりました。
　この場合、S社はどのような申告を行うこととなりますか。

A　S社は、自X1年10月1日至X2年9月30日事業年度について、通算制度の規定を適用しないで申告を行うこととなります。

memo

7　通算承認の失効（法64条の10）
～やむを得ない事情がないと取りやめは不可～

要点

> ➤ グループ通算制度の取りやめは、連結納税制度と同様、やむを得ない事情がある場合で、国税庁長官の承認を受けたときに限り認められます。

[概要]

《通算制度の取りやめ》

　通算法人は、**やむを得ない事情**があるときは、国税庁長官の承認を受けて通算承認の適用をやめることができます（法64の10①）。

《手続》

　取りやめの承認を受けようとするときは、通算法人の全ての連名で、その理由等を記載した申請書を通算親法人の納税地の所轄税務署長を経由して国税庁長官に提出する必要があります（法64の10②）。

《取りやめ承認の効力》

　取りやめの承認を受けた場合には、通算承認は、その承認を受けた日の属する事業年度終了の日の翌日からその効力を失います（法64の10④）。

[キーワード]

やむを得ない事情
（グ通2-35）

参考法令等　法令131の14、法規27の16の9、グ通 2-35
　　　　　　　改正解説 P901、グループ概要 P 2

グループ通算制度の取りやめ

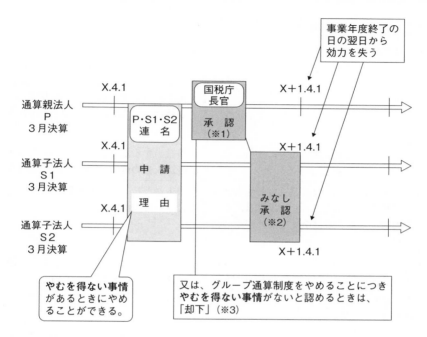

※1　書面による通知（法令131の14①）
※2　みなし承認（法令131の14②）
※3　申請承認の却下（法64の10③）、みなし却下（法令131の14③）

離脱等した場合の通算承認の失効

	通算承認の失効の事実	失効日と失効対象法人
I	通算親法人が解散した場合	その解散の日の翌日（合併による解散の場合には、その合併の日）から、**通算親法人等（通算親法人及び他の通算法人をいいます。以下、この表において同様です。）の全て**について効力を失う。
II	通算親法人が公益法人等に該当することとなった場合	その該当することとなった日から、**通算親法人等の全て**について効力を失う。
III	通算親法人と内国法人（普通法人と協同組合等に限ります。）との間にその内国法人による完全支配関係が生じた場合	その生じた日から、**通算親法人等の全て**について効力を失う。
IV	通算親法人と内国法人（公益法人等に限ります。）との間にその内国法人による完全支配関係があり、その内国法人が普通法人又は協同組合等に該当することとなった場合	その該当することとなった日から、**通算親法人等の全て**について効力を失う。
V	通算子法人の解散（合併又は破産手続開始の決定による解散に限ります。）又は残余財産の確定があった場合	その解散の日の翌日（合併による解散の場合には、その合併の日）又は残余財産の確定の日の翌日から、**その通算子法人**について効力を失う。
VI	通算子法人が通算親法人との間にその通算親法人による通算完全支配関係を有しなくなった場合（IからVまでの事実を除きます。）	その有しなくなった日から、**その通算子法人**について効力を失う。
VII	V又はVIの事実又は通算子法人について青色申告の承認取消により通算承認が効力を失ったことに基因して通算法人が通算親法人のみとなった場合	その通算親法人のみとなった日から、**その通算親法人**について効力を失う。

（法64の10⑥）

補足メモ1🖊

　通算法人が青色申告の承認の取消しの通知を受けた場合、その通算法人については、通算承認は、その通知を受けた日から効力を失うことになります（法64の10⑤）。

※　通算法人は、自ら青色申告を取りやめることはできません（法128かっこ書）。

補足メモ2🖊

通算完全支配関係又は完全支配関係を有しなくなった旨の届出

　次の事由が生じた場合には、次の該当法人（※）は、その事由が生じた日以後遅滞なく、「その事由が生じた日などを記載した書類」を提出する必要があります（法令131の14④）。

※　通算制度の取りやめの承認を受けたもの（46ページ）及び青色申告の承認の取消しの通知を受けたものを除きます。

生じた事由	該当法人
通算子法人が通算親法人との間に通算完全支配関係を有しなくなったこと	その通算親法人
他の内国法人が通算親法人又は通算承認の申請を行った親法人との間にその通算親法人又はその親法人による完全支配関係を有しなくなったこと	その通算親法人又はその親法人
通算親法人につき前ページのⅦの事実が生じたこと	その通算親法人

参考（国税庁通達）

2－35（通算制度の取りやめの承認事由）

　法第64条の10第1項《通算制度の取りやめ等》に規定する「やむを得ない事情があるとき」とは、例えば、通算制度の適用を継続することにより事務負担が著しく過重になると認められる場合をいうのであるから、単に税負担が軽減されることのみを理由として通算制度を適用しないこととする場合は、これに該当しないことに留意する。

2－36（通算制度の取りやめの承認事由）

　法第64条の10第6項第6号《通算制度の取りやめ等》に規定する「通算完全支配関係を有しなくなつたこと」には、例えば、次に掲げる事実がこれに該当する。
(1)　通算子法人の発行済株式又は出資（以下2－39までにおいて「発行済株式等」という。）の全部又は一部が当該通算子法人との間に通算完全支配関係がない者に保有されることとなったこと
(2)　通算子法人の発行済株式等の全部又は一部を直接又は間接に保有する他の通算子法人（以下2－39までにおいて「株式等保有通算子法人」という。）に次に掲げる事実が生じたことに基因して通算完全支配関係を有しなくなったこと
　イ　株式等保有通算子法人の発行済株式等の全部又は一部が当該株式等保有通算子法人との間に通算完全支配関係がない者に保有されることとなったこと
　ロ　破産手続開始の決定による解散
　ハ　合併による解散（当該株式等保有通算子法人との間に通算完全支配関係がある通算法人との合併による解散を除く。）
　ニ　法第127条第2項《青色申告の承認の取消し》の規定による通知を受けたことにより通算承認の効力を失ったこと
　ホ　令第131条の11第2項《通算法人の範囲》の規定により読み替えられた令第4条の2第2項《支配関係及び完全支配関係》に規定する「割合」が5％以上となったこと
(3)　通算親法人に(2)ニに掲げる事実が生じたこと

2－37（最初通算事業年度開始の日の前日までの間に完全支配関係を有しなくなった法人の通算制度の適用制限）

　法第64条の9第2項《通算承認》に規定する他の内国法人が、既に通算承認を受けた同条第1項に規定する親法人（以下2－37において「親法人」という。）について当該通算承認の効力が生ずる前に当該親法人との間に当該親法人による完全支配関係を有しなくなったことは、法第64条の10第6項第6号《通算制度の取りやめ等》に掲げる事実に該当しないのであるから、当該他の内国法人は令第131条の11第3項第1号《通算法人の範囲》に掲げる法人に該当しないことに留意する。
(注)　法第64条の9第10項第2号及び第12項第2号に規定する「前号に掲げる法人以

外の法人」が通算子法人となった場合は、たとえ同条第7項の規定の適用を受けて親法人の最初通算事業年度の終了の日までの間に当該親法人との間に通算完全支配関係を有しないこととなったとき（株式等保有通算子法人が破産手続開始の決定による解散に基因して当該親法人による通算完全支配関係を有しなくなった場合を除く。）であっても、当該「前号に掲げる法人以外の法人」は令第131条の11第3項第1号に掲げる法人に該当することに留意する。

2－38（通算承認の失効後5年経過前に通算子法人となる法人）

　2－39(2)《通算制度の再申請》に掲げる事由に該当して通算承認の効力を失った法人は、同通達の(2)に掲げる期間（以下2－38において「適用制限期間」という。）を経過していない場合には当該通算承認の効力を失う直前における当該通算承認の効力を失った法人の発行済株式等の全部を直接又は間接に保有する法人（以下2－38において「直前保有法人」という。）の通算子法人となることができないのであるが、当該適用制限期間中であっても直前保有法人以外の通算親法人（以下2－38において「他の通算親法人」という。）との間に完全支配関係を有することとなった場合には、当該他の通算親法人の通算子法人となるのであるから留意する。

2－39（通算制度の再申請）

　法人が、次に掲げる事由に該当して通算承認の効力を失った後に、再度、通算承認を受けるために通算承認の申請を行う場合には、当該申請時において、それぞれ次に掲げる期間を経過している必要があることに留意する。
(1)　法第64条の10第1項《通算制度の取りやめ等》の承認を受けたこと　当該承認を受けた日の属する事業年度終了の日の翌日から同日以後5年を経過する日の属する事業年度終了の日までの期間
(2)　同条第6項第6号に掲げる事実があったこと（株式等保有通算子法人の破産手続開始の決定による解散に基因して当該事実が生じた場合を除く。）　当該通算承認の効力を失った日から同日以後5年を経過する日の属する事業年度終了の日までの期間
(3)　法第127条第2項《青色申告の承認の取消し》の規定による通知を受けたこと　当該通知を受けた日から同日以後5年を経過する日の属する事業年度終了の日までの期間
(注)　(2)に掲げる事由に該当して通算承認の効力を失った法人が当該通算承認の効力を失う直前における当該通算承認の効力を失った法人の発行済株式等の全部を直接又は間接に保有する法人以外の法第64条の9第1項《通算承認》に規定する親法人と通算承認を受けるために通算承認の申請を行う場合は、この限りでない。

参考（国税庁Q＆A）

Q 12　通算制度の承認の効力を失う場合
通算制度の承認の効力を失う場合とは、どのような場合ですか。

A　通算法人が青色申告の承認の取消処分の通知を受けた場合には、その通知を受けた日から、その通算法人の通算制度の承認の効力を失うこととなります。

また、通算親法人が解散したこと、通算子法人が通算親法人との間に通算完全支配関係を有しなくなったこと等一定の事実が生じた場合にも、それぞれ一定の日において通算制度の承認の効力を失うこととなります。

Q 13　通算制度の適用の取りやめにおける対象法人
個々の通算法人が通算制度の適用の取りやめを行うことはできますか。

A　通算制度の適用の取りやめの申請は、通算法人の全てが連名で行う必要があるため、個々の通算法人がその申請を行うことはできません。

memo

8　連結納税制度との比較

連結納税制度	グループ通算制度
制度の基本的考え方・しくみ	
企業グループ内の各法人の損益を通算するなど、グループ全体を一つの納税主体と捉えて課税する制度です。	企業グループ内の各法人を納税単位として、各法人が個別に課税所得金額等の計算は行うこととし、同時に企業グループの一体性に着目し、企業グループをあたかも一つの法人であるかのように捉え、損益通算等の調整を行う制度です。 （2ページ）
開始手続	
親法人の最初の連結事業年度開始の日の3月前の日までに、連結予定法人の連名で申請書を国税庁長官に提出し、承認を受ける必要があります。 ※選択制	親法人の最初の通算事業年度開始の日の3月前の日までに、通算予定法人の連名で申請書を国税庁長官に提出し、承認を受ける必要があります。 ※選択制 （4ページ）
適用対象法人	
内国法人である親法人とその親法人による完全支配関係のある子法人	内国法人である親法人とその親法人による完全支配関係のある子法人 （18ページ）

連結納税制度	グループ通算制度
納税主体（単位）	
連結親法人 （連結グループ全体）	通算親法人と各通算子法人 （通算親法人と各通算子法人） （18ページ）
事業年度	
税務上の事業年度は、親法人の事業年度に統一します。	税務上の事業年度は、親法人の事業年度に統一します。（24ページ） ※加入・離脱の特例あり（28、38ページ）
承認の失効（取りやめ）	
やむを得ない事情がある場合で、国税庁長官の承認を受けたときに限り、取りやめが認められます。	やむを得ない事情がある場合で、国税庁長官の承認を受けたときに限り、取りやめが認められます。（46ページ）

Part II
連結納税制度の見直し－2

Part II では、事務負担の軽減を目的とする損益通算や欠損金の遮断措置のほか、組織再編税制との整合性を踏まえた欠損金や資産の含み損益の持込について図表を用いて分かりやすく解説を行っています。

1　損益通算（法64条の5①②）
～グループ内での法人間の損失の共同利用～

要点

➤ 通算グループ内の欠損法人の欠損金額の合計額が、所得法人の所得金
　額の合計額を限度として、各所得法人に配分され、損金算入されます。

[概要]

[キーワード]

《通算対象欠損金額の損金算入》

　通算法人の所得事業年度終了の日（基準日）において、その通算法人との間に通算完全支配関係がある他の通算法人の基準日に終了する事業年度において通算前欠損金額が生ずる場合には、その通算法人の所得事業年度の通算対象欠損金額は、損金の額に算入されます（法64の5①）。

（具体的な計算は、次ページ参照）

通算対象欠損金額とは、次の算式で計算した金額をいいます。

ⅰ）他の通算法人の基準日に終了する事業年度において生ずる通算前欠損金額の合計額（その合計額がⅲの金額を超える場合にはⅲの金額）	×	ⅱ）通算法人の所得事業年度の**通算前所得金額** / ⅲ）通算法人の所得事業年度及び他の通算法人の基準日に終了する事業年度の通算前所得金額の合計額

（法64の5②）

通算法人
(法2十二の七の二)

所得事業年度
(法64の5①)

通算完全支配
関係
(法2十二の七の七)

通算前欠損金
額
(法64の5①)

通算前所得金
額
(法64の5①)

参考法令等　法2十二の七の二、2十二の七の七
　　　　　　　改正解説 P830、グループ概要 P4

損益通算のイメージ（所得＝欠損の場合）

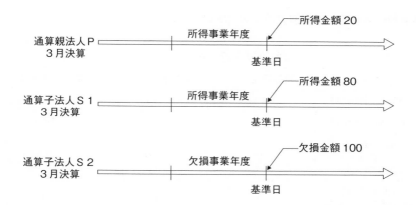

《通算親法人Pの場合》

通算前欠損金額の合計額（100）　×　$\dfrac{\text{Pの通算前所得金額（20）}}{\text{通算前所得金額の合計額（20＋80）}}$

＝20（通算対象欠損金額）
⇒　損金算入額

《通算子法人S1の場合》

通算前欠損金額の合計額（100）　×　$\dfrac{\text{S1の通算前所得金額（80）}}{\text{通算前所得金額の合計額（80＋20）}}$

＝80（通算対象欠損金額）
⇒　損金算入額

※　通算前所得金額の合計額と通算前欠損金額の合計額が異なる場合の事例については次ページ参照。

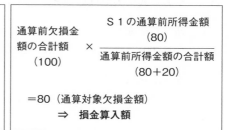

Plus α

通算親法人の事業年度の中途において通算承認の効力を失い離脱した法人のその離脱時に終了する事業年度については、損益通算できません（グ通2-20）。

法人税別表　別表四、七の三、十八

損益通算のイメージ（所得＞欠損の場合）

通算前所得金額＞通算前欠損金額（所得が多い場合）

損益通算を行った通算グループ

	通算親法人P	通算子法人S1	通算子法人S2
通算前所得金額	30	90	－
通算前欠損金額	－	－	100
損金算入額 又は 益金算入額	△25	△75	＋100
【損益通算】 通算後の所得金額	5	15	0

58ページの算式に当てはめると、

通算親法人P

$\triangle 100 \times 30 / (30+90) = \triangle 25$

通算子法人S1

$\triangle 100 \times 90 / (90+30) = \triangle 75$

損益通算のイメージ（所得＜欠損の場合）

通算前所得金額＜通算前欠損金額（欠損が多い場合）

損益通算を行った通算グループ

	通算親法人P	通算子法人S1	通算子法人S2
通算前所得金額	20	60	－
通算前欠損金額	－	－	100
損金算入額 又は 益金算入額	△20	△60	＋80
【損益通算】 通算後の所得金額	0	0	△20

58ページの算式に当てはめると、

　　通算親法人P
　　　△80（分母限度）　×　20　／　（20＋60）　＝　△20

　　通算子法人S1
　　　△80（分母限度）　×　60　／　（60＋20）　＝　△60

実務上のポイント（用語編）

通算法人	通算親法人及び通算子法人をいいます（法２十二の七の二）。 （注）　通算親法人とは、法人税法第64条の９第１項《通算承認》の親法人であって、同項の承認を受けたものをいいます（法２十二の六の七）。 　　　通算子法人とは、法人税法第64条の９第２項の他の内国法人であって、同条１項の承認を受けたものをいいます（法２十二の七）。
所得事業年度	通算前所得金額の生ずる事業年度をいい、通算親法人の事業年度終了の日に終了するものに限ります（法64の５①）。
通算完全支配関係	34ページ参照
通算前欠損金額	法人税法第59条第３項及び第４項、第62条の５第５項、第64条の５並びに第64条の７第６項の規定等を適用しないものとして計算した場合における欠損金額をいいます（法64の５①）。すなわち、損益通算前の欠損金額をいいます。
通算前所得金額	法人税法第57条第１項、第59条第３項及び第４項、第62条の５第５項、第64条の５並びに第64条の７第６項の規定等を適用しないものとして計算した場合における所得の金額をいいます（法64の５①かっこ書）。すなわち、損益通算及び欠損金の控除前の所得の金額をいいます。
欠損事業年度	通算前欠損金額の生ずる事業年度をいい、通算親法人の事業年度終了の日に終了するものに限ります（法64の５③）。

Plus α

～通算対象所得金額の益金算入（法64の5③④）～

　通算法人の欠損事業年度終了の日（基準日）において、通算完全支配関係がある他の通算法人の基準日に終了する事業年度において通算前所得金額が生ずる場合には、その通算法人の**欠損事業年度**の**通算対象所得金額**は、益金の額に算入されます。

　通算対象所得金額とは、次の算式で計算した金額をいいます。

ⅰ）他の通算法人の基準日に終了する事業年度において生ずる通算前所得金額の合計額（その合計額がⅲの金額を超える場合にはⅲの金額）	×	ⅱ）通算法人の欠損事業年度の通算前欠損金額
		ⅲ）通算法人の欠損事業年度及び他の通算法人の基準日に終了する事業年度の通算前欠損金額の合計額

　61ページの事例（所得＜欠損の場合）において算式に当てはめると、

　　通算子法人Ｓ2

　　　（20＋60）　×　100　／　100　＝　80

補足メモ

　損益通算は、「欠損金又は災害損失金等の当期控除」の直前で行います（別表四）。

実務上のポイント（通達編）

> **2-20（通算グループから中途離脱した通算法人についての損益通算の適用）**
>
> 　法第64条の5第1項《損益通算》に規定する所得事業年度及び同条第3項に規定する欠損事業年度は、**通算法人に係る通算親法人**の事業年度終了の日 **（A）** に終了するもの **（B）** に限られるのであるから、当該通算親法人の事業年度の中途において当該通算親法人との間に通算完全支配関係を有しなくなったことにより通算承認の効力を失った通算法人のその有しなくなった日 **（C）** の前日に終了する事業年度については、これらの規定の適用はないことに留意する。

（下線、（A）、（B）及び（C）については著者の加筆によります。）

［解説（ポイント）］

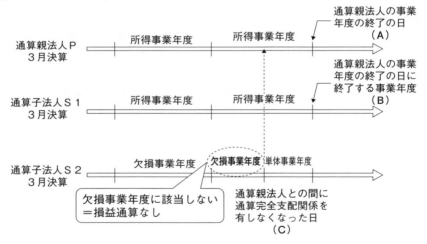

　「通算法人に係る通算親法人」とは、その通算法人が通算子法人である場合には、その通算法人との間に通算完全支配関係がある通算親法人を指し、その通算法人が通算親法人である場合にはその通算法人自身を指します。

実務上のポイント（通達編）

2-21（期限内申告書を提出しなかった法人に係る損益通算の取扱い）

　法第64条の5第5項《損益通算》に規定する「第74条第1項（確定申告）の規定による申告書」とは、期限内申告書（**A・B**）をいい、期限後申告書（**C**）は含まれないのであるから、通算法人のうち期限内申告書を提出しなかったもの（**S2**）に係る法第64条の5第1項に規定する通算前所得金額及び同条第3項に規定する通算前欠損金額は零となり、同条第1項又は第3項の規定により当該通算法人の損金の額又は益金の額に算入される金額は、同条第8項の規定が適用される場合を除き、ないこととなることに留意する。

（（A・B）、（C）及び（S2）については著者の加筆によります。）

［解説（ポイント）］

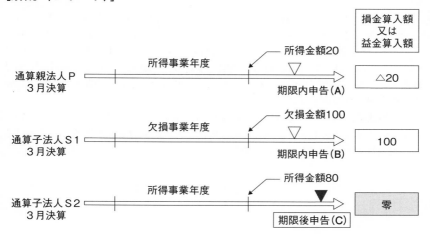

　通算グループ内に当初申告において期限内申告書を提出しなかった通算法人がいた場合であっても、通算グループ内の全ての通算法人が損益通算の適用を受けられないわけではなく、期限内申告書を提出しなかった通算法人の通算前所得金額（又は欠損金額）を零として適用することになります。

参考（国税庁Q＆A）

Q 41　通算制度の当初申告における損益通算の計算
通算制度の当初申告における損益通算の計算はどのように行うのですか。

A　通算法人の所得事業年度において、他の通算法人に通算前欠損金額が生ずる場合には、その通算法人のその所得事業年度の通算対象欠損金額は、その所得事業年度において損金の額に算入されます。

　また、通算法人の欠損事業年度の終了日において、他の通算法人に通算前所得金額が生ずる場合には、その通算法人のその欠損事業年度の通算対象所得金額は、その欠損事業年度において益金の額に算入されます。

Q 42　損益通算の対象とはならない欠損金額等
通算制度において、損益通算の対象となる欠損金額等が制限されることはありますか。

A　次の(1)及び(2)の場合におけるそれぞれの金額は、損益通算の対象となりません。
(1)　通算法人（通算制度の開始・加入時に時価評価の対象とならない法人に限ります。）が、通算制度の承認の効力が生じた日の5年前の日又は通算法人の設立の日のうちいずれか遅い日からその通算制度の承認の効力が生じた日まで継続して通算親法人との間に支配関係がない場合において、他の通算法人との間の共同事業に係る要件を満たさないときにおける、一定の欠損金額
(2)　法人税法第64条の8の規定により損金の額に算入される金額がある場合において、被合併法人又は残余財産が確定した他の内国法人に制限対象額があるときにおける、その制限対象額に達するまでの金額

報告書 P11

　損益通算の方法については、各欠損法人の欠損金及び企業グループ内の繰越欠損金の額を各有所得法人の所得金額等の比で配賦するプロラタ方式が考えられる。
　この方式は、現行制度の考え方を踏襲する中での制度設計が可能となり、制度導入のコストが小さく、税負担の軽減のための恣意的な調整を回避できるといった観点からも適当であると考えられる。

memo

2　遮断措置（法64条の5⑤）
～損益通算後に修更正が生じても、原則、再計算は不要～

要点

➢ 通算法人の期限内申告における通算前所得金額（又は欠損金額）の計算に誤りがあった場合においても、損益通算を適用した損金算入額又は益金算入額の再計算を行う必要はありません。

[概要]

《損益通算の遮断措置》

損益通算（58ページ）を適用する場合において、**通算事業年度**の通算前所得金額又は**通算前欠損金額**が、当初申告通算前所得金額又は**当初申告通算前欠損金額**と異なるときは、「当初申告通算前所得金額」が「通算前所得金額」と、「当初申告通算前欠損金額」が「通算前欠損金額」とみなされます（法64の5⑤）。

その結果、損益通算による損金（益金）算入額は、原則、固定化され、修更正が生じた法人のみが是正をすることになります。

（具体的な計算は、次ページ参照）

[キーワード]

通算事業年度
（法64の5⑤）

通算前所得金額
（法64の5①）

通算前欠損金額
（法64の5①）

当初申告通算前所得金額又は当初申告通算前欠損金額
（法64の5⑤）

参考法令等　改正解説 P832、グループ概要 P4

遮断措置（イメージ）

損益通算を行った通算グループ

当初申告	通算親法人P	通算子法人S1	通算子法人S2
通算前所得金額	30	90	－
通算前欠損金額	－	－	100
損金算入額又は益金算入額	△25	△75	+100
【損益通算】通算後の所得金額	5	15	0
再計算後の所得金額	5	15	△30＋100＝70

固定

正当額は欠損金額30
（欠損金額70過大）

✕ 損金算入額又は益金算入額について再計算は行いません ✕

例えば、通算親法人Pの損金算入額について、

$$△30（修正後の金額） \times \frac{(30)}{(30＋90)} ＝ △7.5$$

との再計算は行いません。通算子法人S1とS2についても同じです。

※ 損益通算による損金算入額の計算は58ページ、益金算入額の計算は63ページ参照。

実務上のポイント編（用語編）

通算事業年度	通算法人の所得事業年度（又は欠損事業年度）又は他の通算法人の基準日に終了する事業年度をいいます（法64の5⑤）。
通算前所得金額	62ページ参照
通算前欠損金額	62ページ参照
当初申告通算前所得金額又は当初申告通算前欠損金額	通算事業年度の法人税法第74条第1項《確定申告》による申告書に添付された書類に通算前所得金額又は通算前欠損金額として記載された金額をいいます（法64の5⑤）。 （注）　法人税法第74条第1項による申告書とは、期限内申告書をいいます。

Plus α

　通算法人のうち、期限内申告書を提出しなかったものに係る通算前所得金額又は通算前欠損金額が零となり、その通算法人の損金の額又は益金の額はないこととなります（グ通2-21）。

参考（国税庁Q&A）

Q 43　所得の金額が当初申告と異なることとなった場合の損益通算の取扱い

　事後の税務調査により損益通算前の所得の金額が当初（期限内）申告と異なることとなった場合、通算法人の損益通算の計算はどのように行うこととなりますか。

A　原則として、損益通算に係る損金算入額又は益金算入額は期限内申告の金額に固定して、その通算法人の所得の金額を計算することとなります。

　ただし、通算法人の全てについて期限内申告において所得金額が零又は欠損金額があるなど一定の要件に該当する場合には、通算グループ内の全法人が損益通算を再計算（全体再計算）することとなります。

　このほか、欠損金の繰越期間に対する制限を潜脱するためや、離脱法人に欠損金を帰属させるために、あえて誤った期限内申告を行うなど、法人税の負担を不当に減少させる結果となると認められるときは、税務署長は、損益通算を適用（全体再計算）することができます。

（具体的な計算例が国税庁ＨＰに掲載されていますので参考にしてください。）

https://www.nta.go.jp/law/joho-zeikaishaku/hojin/group_faq/43.htm

（4月20日訪問）

3 損益通算の全体再計算（法64条の5⑥）
～遮断措置不適用（納税者の無用な不利益の回避）～

要点

> ➤ 遮断措置の不適用の適用がある場合には、損益通算の計算を正当額で全体再計算することになります。
> ➤ その適用には、全ての通算法人の所得が零又は欠損金額であるなどの要件があります。

[概要]

[キーワード]

《損益通算の全体再計算》

　期限内申告書を提出した通算事業年度のいずれかについて修更正がされる場合において、次の要件の全てに該当するときは、通算法人の所得事業年度又は欠損事業年度については、遮断措置（68ページ）の適用はされず、通算グループ内の全法人が損益通算の計算を正当額で再計算（全体再計算）することになります。（法64の5⑥）。

イ　通算事業年度の全ての通算法人について、所得の金額（損益通算後の金額）が零又は欠損金額であること。

ロ　通算事業年度のいずれかの通算法人について、通算前所得金額が実際より過少、又は通算前欠損金額が実際より過大であること。

ハ　通算事業年度のいずれかの通算法人について、一定の規定を適用しないものとして計算した場合におけるその通算事業年度の所得の金額が零を超えること。

（全体再計算のイメージは、次ページ参照）

参考法令等　法令131の7①
　　　　　　　改正解説 P832、グループ概要 P 6

損益通算の全体再計算 （イメージ）

損益通算を行った通算グループ

当初申告の内容	通算親法人P	通算子法人S1	通算子法人S2
通算前所得金額	20	60	－
通算前欠損金額	－	－	100
損金算入額 益金算入額	△20	△60	＋80
【損益通算】 通算後の所得金額	0	0	△20

正当額は所得金額70
（所得金額10増加）

（遮断措置適用後の再計算）

所得金額	0	70＋（△60）＝10	△20

《遮断措置不適用の判定》

イ　通算事業年度の全ての通算法人について、所得の金額（損益通算後の金額）が零又は欠損金額であること。

　⇒　損益通算後の所得金額は、通算親法人Pは零、通算子法人S1は零、通算子法人S2は△20であり、全ての通算法人について、零又は欠損金額となっています。

ロ　通算事業年度のいずれかの通算法人について、通算前所得金額が実際より過少、又は通算前欠損金額が実際より過大であること。

　⇒　通算子法人S1は、通算前所得金額を当初60としていましたが、実際は70であり過少となっています。

ハ　通算事業年度のいずれかの通算法人について、その通算事業年度の所得の金額が零を超えること。

　⇒　通算子法人S1は、その通算事業年度の所得の金額が10（70－60）であり、零を超えることになっています。

　上記のとおり、この通算グループは、全ての要件に該当しますので、遮断措置は適用されず、全体再計算を行う必要があります。

　次ページにおいて、その全体再計算等の説明をします。

（全体再計算適用後の再計算）

	通算親法人Ｐ	通算子法人Ｓ１	通算子法人Ｓ２
損金算入額 益金算入額	△20	△70	+90
所得金額	0	70＋（△70）＝0	△100＋90＝△10

全体再計算の検討

通算子法人Ｓ１	△90（分母限度）×70／（70＋20）＝△70
通算親会社Ｐ	△90（分母限度）×20／（20＋70）＝△20
通算子法人Ｓ２	（20＋70）×100／100＝90

　前ページ「遮断措置適用後の再計算」のように損益通算の遮断措置を行った場合には、通算子法人Ｓ１においては再計算後の所得金額10が発生することとなり、通算子法人Ｓ２の欠損金額を活用することができなくなり不合理な結果となります。

　そこで、このような場合には、法人税法第64の5第6項の要件（72ページ）を満たせば、遮断措置を行わず、グループ全体で再計算を行うことにより、通算子法人Ｓ２の欠損金額との通算により通算子法人Ｓ１の所得金額は零となり、上記のような課税を避けることができます。

全体再計算適用後の申告誤りに係る取扱い
―期限内申告額の洗替え（法64の5⑦）―

　期限内申告書を提出した通算事業年度について損益通算の全体再計算（72ページ）を適用して修更正がなされた後における「遮断措置（68ページ）」又は「損益通算の全体再計算」については、その修更正による金額に洗い替えた上で適用することになります（法64の5⑦）。

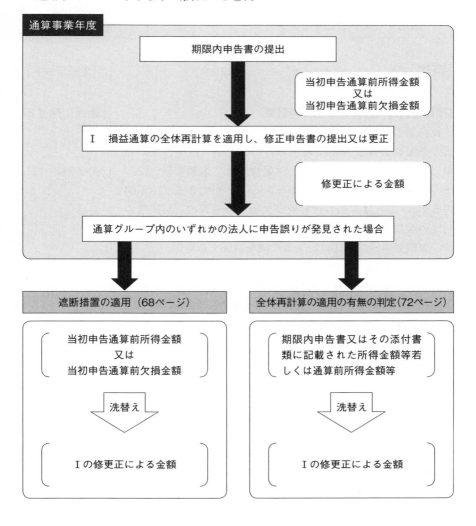

4 損益通算の全体再計算（法64条の5⑧）
～遮断措置不適用（不当性要件）～

要点

➤ 税務署長は、損益通算の遮断措置等を適用することにより、法人税の負担を不当に減少させる結果となると認めるときは、その遮断措置の適用をしないことができます。

[概要]

[キーワード]

《税務署長の権限による全体再計算》
　税務署長は、**遮断に関する規定**を適用したならば次の事実が生じ、通算法人の法人税の負担を不当に減少させる結果となると認めるとき（不当性要件）は、遮断措置（68ページ）を適用せず全体再計算をすることができます（法64の5⑧）。これは、損益通算及び欠損金の通算の遮断措置の規定の濫用を防止するための措置となります。
イ　欠損金の繰越期間に対する制限を潜脱する場面
　その通算法人が当該各事業年度前10年以内に開始した事業年度において生じた**欠損金額**を有する場合において、当該各事業年度において欠損金額が生ずること。
ロ　**離脱法人**に欠損金を持たせる場面
　通算法人又は他の通算法人のうちに通算承認の効力を失うことが見込まれるものがある場合において、その通算法人又は他の通算法人に法人税法第57条第1項の適用がある欠損金額があること。

※　これらの規定は例示とされています。

遮断に関する規定
（法64の5⑧）

欠損金額
（法64の5⑧）

離脱法人
（法64の5⑧）

参考法令等　法令131の7②
　　　　　　　改正解説P833、グループ概要P6

実務上のポイント（用語編）

遮断に関する規定	遮断措置の規定の主なものは、次のとおりです（法令131の7②）。 イ　損益通算における遮断措置（法64の5⑤） ロ　欠損金の通算における遮断措置（法64の7④～⑦） ハ　外国税額控除における遮断措置（法69⑮⑲） ニ　関連法人株式等に係る配当等の額から控除する利子の額の全体計算における遮断措置（法令19⑤⑥） ホ　試験研究を行った場合の法人税額の特別控除における遮断措置（措法42の4⑧）
（P76の） 欠損金額	法人税法第64条の7第4項《欠損金の通算における遮断措置》の規定を適用をしたならば当該各事業年度において法人税法第57第1項の規定により損金算入されるものに限ります（法64の5⑧）。
離脱法人	通算法人又は他の通算法人のうち通算制度の取りやめ等（法64の10⑥）により通算承認の効力を失うことが見込まれる法人をいいます（法64の5⑧）。

報告書 P12

　この不当性要件による全体再計算の措置は、次の考え方に沿ったものです。
「例外的に、欠損金の繰越期間に対する制限を潜脱するため又は離脱法人に欠損金を持たせるためにあえて誤った当初申告を行うなど、法人税の負担を不当に減少させることとなると認められるときは、職権更正において、プロラタ方式で全体を再計算することができるようにする必要がある。」

5　欠損金の切捨て等（法57条⑥ほか）
～適用開始・加入時の欠損金の持込制限～

要点

> ➤ グループ通算制度では、連結納税制度と同様に繰越欠損金の繰越控除ができますが、他方、グループ通算制度の開始・加入に伴い親法人及び子法人の欠損金額の切捨てなどの取扱いがあります。

［概要］

《青色欠損金の繰越し》

　内国法人の各事業年度開始の日前10年以内に開始した事業年度（10年内事業年度）において生じた青色欠損金額に相当する金額は、欠損金額控除前の所得の金額の50％相当額を限度として損金算入することができます（法57①）。

　なお、中小法人等、再建中の法人及び新設法人については、欠損金額控除前の所得の金額を限度として、損金算入することができます（法57⑪）。

　グループ通算制度においても10年内事業年度において生じた欠損金についてグループ全体で欠損金の通算を行い繰越控除できますが（92ページ）、「**時価評価法人**の通算開始・加入前の欠損金額」や「共同事業性がない場合等の欠損金額」など通算法人の繰越控除の対象とならない欠損金額の取扱いがあります。

（具体的な内容は、次ページ参照）

参考法令等　法令112の2③④⑤
　　　　　　　改正解説 P853、グループ概要 P7

［キーワード］

時価評価法人
（法57⑥）

通算法人の繰越控除の対象とならない欠損金額等（Ⅰ）

時価評価法人の通算開始・加入前の欠損金額の切捨て

> 連結納税制度における時価評価法人の開始・加入前の欠損金額の引継制限の
> 取扱いと同様です。

ⅰ）　時価評価法人（通算法人）の通算承認の効力が生じた日以後に開始する
　　各事業年度においては、同日前に開始した各事業年度において生じた欠損
　　金額は切り捨てられます（法57⑥）。

ⅱ）　上記の通算法人には、通算法人であった内国法人も含まれますので、そ
　　の切り捨てられた欠損金額の効果は、通算法人でなくなった後も続きます。

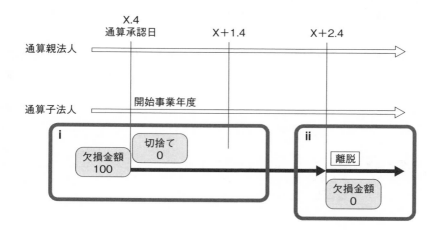

※　通算法人とは、通算親法人と通算子法人をいいます（法２十二の七の二）。

法人税別表　別表七(一)、七(二)、七(二)付表一、十八、十八付表

通算法人の繰越控除の対象とならない欠損金額等（Ⅱ）

共同事業性がない場合等の欠損金額の切捨て（Ⅰ）

〔組織再編税制における欠損金の引継・使用制限と整合的なものとするための
取扱いです。〕

時価評価除外法人が、

ⅰ）「通算承認の効力が生じた日の5年前の日」又は「その時価評価除外法人
の設立の日」のいずれか遅い日からその通算承認の効力が生じた日まで通
算親法人（その時価評価除外法人が通算親法人である場合には、他の通算
法人のいずれか）との間に**継続して支配関係がある場合**（84ページ）に該
当しない場合で、かつ、

ⅱ）通算承認の効力が生じた後にその時価評価除外法人と他の通算法人とが
共同で事業を行う一定の場合に該当しない場合において、

ⅲ）その時価評価除外法人が**支配関係発生日**以後に新たな事業を開始したと
きは、

　その時価評価除外法人のその通算承認の効力が生じた日以後に開始する各事
業年度においては、欠損金額（次ページ）は切り捨てられます（法57⑧、グ通
2－15）。

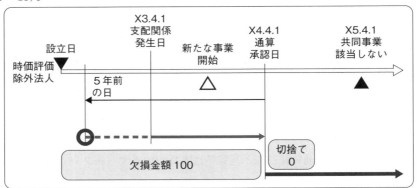

補足メモ📝

　支配関係5年超となり通算グループに持ち込まれた繰越欠損金は特定欠
損金（法64の7②）となります（92ページ）。

通算法人の繰越控除の対象とならない欠損金額等（Ⅲ）

共同事業性がない場合等の欠損金額の切捨て（Ⅱ）

切捨ての対象となる欠損金額（原則）

前ページにより切り捨てられる欠損金額は、次のAとBの欠損金額となります（法57⑧、法令112の2⑤において準用する法令112⑤）。

A　その時価評価除外法人の**支配関係事業年度**前の各事業年度で**通算前10年内事業年度**に該当する事業年度において生じた**欠損金額**

B　その時価評価除外法人の支配関係事業年度以後の各事業年度で通算前10年内事業年度に該当する事業年度において生じた欠損金額のうち特定資産譲渡等損失額（法64の14②）に相当する金額から成る部分の金額として一定の金額

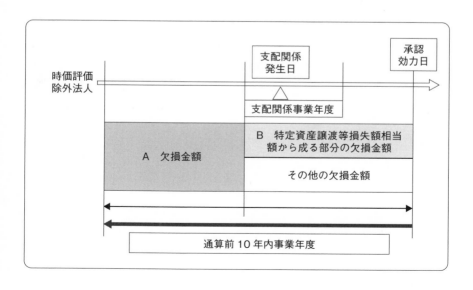

通算法人の繰越控除の対象とならない欠損金額等（Ⅳ）

青色申告の承認取消により通算承認の効力を失う場合の欠損金額の切捨て

　通算法人が、青色申告の承認を取り消されたことによって通算承認の効力を失う場合（※）、その効力を失う日以後に開始するその通算法人であった内国法人の各事業年度においては、同日前に開始した各事業年度において生じた**欠損金額**は切り捨てられます（法57⑨）。

※　通算承認は、青色申告の取消処分の通知を受けた日から、その効力を失います（法64の10⑤）。

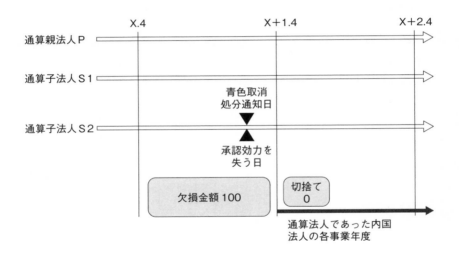

その他通算法人に係る欠損金額の引継ぎについての取扱い

これまで説明してきました、

「時価評価法人の通算開始・加入前の欠損金額の切捨て（法57⑥）」、「共同事業性がない場合等の欠損金額の切捨て（法57⑧）」及び「青色申告の承認取消により通算承認の効力を失う場合の欠損金額の切捨て（法57⑨）」のほか、通算法人に係る欠損金の引継ぎについての取扱いとして、次の取扱いがあります。

通算法人を被合併法人とする合併等の場合の欠損金の引継ぎの不適用（法57⑦）

通算法人を合併法人とする合併で通算完全支配関係のある他の内国法人を被合併法人とする合併が行われた場合又は通算法人との間に通算完全支配関係がある他の内国法人でその通算法人が発行済株式若しくは出資の全部若しくは一部を有するものの残余財産が確定した場合には、これら他の内国法人の一定の欠損金額については、法人税法第57条第2項の適用はありません（法令112の2②）。

通算法人が通算グループ内で組織再編成等を行った場合の欠損金の引継ぎ制限及び切捨ての不適用（法令112の2⑥⑦）

通算法人を合併法人とする適格合併で通算完全支配関係のある他の内国法人を被合併法人とする合併が行われた場合又は通算法人との間に通算完全支配関係がある他の内国法人でその通算法人が発行済株式若しくは出資の全部若しくは一部を有するものの残余財産が確定した場合には、これらの他の内国法人の未処理欠損金額については、法人税法第57条第3項の適用はありません（法令112の2⑥）。

また、通算法人を合併法人、分割承継法人、被現物出資法人又は被現物分配法人とする適格組織再編成等（法57④）でその通算法人との間に通算完全支配関係がある他の内国法人を被合併法人、分割法人、現物出資法人又は現物分配法人とするものが行われた場合には、その通算法人の一定の欠損金額については、法人税法第57条第4項の適用はありません（法112の2⑦）。

実務上のポイント（用語編）

時価評価法人	時価評価除外法人に該当しない法人をいいます（法57⑥）。
時価評価除外法人	15ページ参照
継続して支配関係がある場合	次のAとBの場合のいずれか（時価評価除外法人が通算親法人である場合には、次のC又はDの場合のいずれか）に該当する場合をいいます（法令112の2③）。 A　時価評価除外法人とその通算親法人との間にその時価除外法人について通算承認の効力が生じた日の5年前の日から継続して支配関係がある場合 B　時価評価除外法人又は通算親法人が5年前の日後に設立された法人である場合（一定の場合を除きます。）であって、その時価評価除外法人と通算親法人との間にその時価評価除外法人の設立の日又は通算親法人の設立の日のいずれか遅い日から継続して支配関係がある場合 C　通算親法人である時価評価除外法人と他の通算法人のいずれかとの間に5年前の日から継続して支配関係がある場合 D　通算親法人である時価評価除外法人又は他の通算法人の全てが5年前の日後に設立された法人である場合（一定の場合を除きます。）であってその時価評価除外法人と他の通算法人のうちその設立の日の最も早いものとの間にその時価評価除外法人の設立の日又は他の通算法人の設立の日のうち最も早い日のいずれか遅い日から継続して支配関係がある場合
共同で事業を行う一定の場合	次のⅰからⅲまでの要件に該当する場合、次のⅰ及びⅳの要件に該当する場合又は次のⅴの要件に該当する場合となります（法令112の2④、グ通2－12、2－14）。

i　事業関連性要件（通算前事業と親法人事業とが相互に関連するものであること。）

ii　通算前事業と親法人事業（通算前事業と関連する事業に限ります。）の規模比5倍以内要件

iii　通算前事業（親法人事業と関連する事業に限ります。）の事業規模拡大2倍以内要件

iv　通算前事業の特定役員継続要件

v　次のいずれかに該当する法人であることの要件（加入時）。

・加入時時価評価（法64の12①）に係る共同で事業を行う場合に該当する場合の要件を満たす法人

・適格要件としての共同事業要件に該当する株式交換等により通算親法人との間に通算完全支配関係を有することとなった株式交換等完全子法人

（注）　**通算前事業**とは、時価評価除外法人又は通算承認日の直前においてその時価評価除外法人との間に完全支配関係がある法人の通算承認日前に行う事業のうちいずれかの主要な事業をいい、**親法人事業**とは、通算親法人又は当該通算承認日の直前において当該通算親法人との間に完全支配関係がある法人の当該通算承認日前に行う事業のうちいずれかの事業をいいます（法令112の2④一）。

支配関係発生日

時価評価除外法人がその時価評価除外法人に係る通算親法人との間に最後に支配関係を有することとなった日をいいます（法57⑧、グ通2-13）。

Plus α

上記の時価評価除外法人が通算親法人の場合

他の通算法人のうちその時価評価除外法人との間に最後に支配関係を有することとなった日が最も早いものとの間に最後に支配関係を有することとなった日が、支配関係発生日となります。

支配関係事業年度	支配関係発生日の属する事業年度をいいます（法57⑧一）。 （注）　支配関係発生日は、81ページのＡにおいて時価評価除外法人が通算親法人との間に最後に支配関係を有することとなった日をいいます（法57⑧）。また、時価評価除外法人が通算親法人である場合には、他の通算法人のうち時価評価除外法人との間に最後に支配関係を有することとなった日が最も早いものとの間に最後に支配関係を有することとなった日をいいます（法57⑧カッコ書）。
通算前10年内事業年度	通算承認の効力が生じた日前10年以内に開始した各事業年度をいいます（法57⑧一）。
（P81の）欠損金額	適格合併が行われた場合又は完全支配関係のある子会社の残余財産が確定した場合の欠損金の引継規定により時価評価除外法人の欠損金額とみなされたものを含み、法人税法第57条により損金算入されたもの又はないものとされたもの及び欠損金の繰戻しによる還付を受けるべき金額の計算の基礎となったものを除きます（法57⑧一）。
（P82の）欠損金額	通算承認が効力を失った日前に開始した各事業年度において適格合併が行われた場合又は完全支配関係のある子会社の残余財産が確定した場合の欠損金の引継規定によりその各事業年度前の事業年度において生じた欠損金額とみなされたものを含みます（法57⑨）。

実務上のポイント（通達編）

2-14（完全支配関係グループが通算グループに加入する場合のいずれかの主要
な事業の意義）

　法令第112条の2第4項第1号《通算完全支配関係に準ずる関係等》に規定する「いずれかの主要な事業」とは、例えば、完全支配関係グループ（通算グループに属する通算法人との間に同条第3項各号の支配関係のいずれもない法人及び当該法人との間に当該法人による完全支配関係を有する法人によって構成されたグループをいう。）が当該通算グループに加入する場合にあっては、当該完全支配関係グループに属するいずれかの法人にとって主要な事業ではなく、当該完全支配関係グループにとって主要な事業であることをいうのであり、当該完全支配関係グループにとって主要な事業が複数ある場合の共同事業に係る要件の判定に当たっては、そのいずれかの事業を同条第4項第1号に規定する通算前事業として同号に掲げる要件に該当するかどうかの判定を行うことに留意する。

[解説（ポイント）]

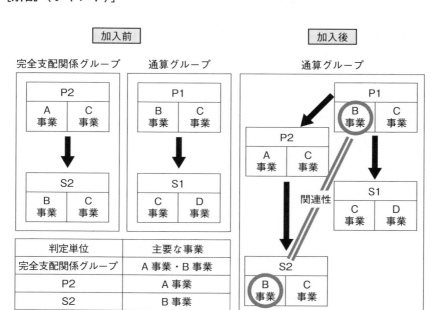

　この通達は、完全支配関係グループが通算グループに加入する場合の、法人税法施行令第112条の2第4項第1号に規定する「いずれかの主要な事業」とは、完全支配関係グループ内において主要な事業をいうことを明らかにした上で、事業関連性要件については、その完全支配関係グループを構成する各法人及び通算グループを構成する各法人をそれぞれのグループごとに一体とみて、それぞれのグループの事業（完全支配関係グループは通算前事業、通算グループは親法人事業）により判定することとしています。

　また、この「いずれかの主要な事業」の考え方を前提として、完全支配関係グループにとって主要な事業が複数ある場合には、そのいずれかの事業を通算前事業として事業関連性要件の判定を行うこととしています。

　以上の考え方を踏まえ、前ページの例で見てみますと、これは、P2を親法人、S2を子法人とする完全支配関係グループが、P1を通算親法人、S1を通算子法人とする通算グループに加入する場合の事例ですが、完全支配関係グループにおいては主要な事業がA事業とB事業と複数存在し、通算グループの親法人事業は、B事業、C事業及びD事業となっておりますので、完全支配関係グループのB事業と、通算グループのB事業とが相互に関連するものとして、事業関連性要件を判定することになります。

実務上のポイント（通達編）

2-15（新たな事業の開始の意義）
　法第57条第8項《欠損金の繰越し》に規定する「新たな事業を開始した」とは、同項の通算法人が当該通算法人において既に行っている事業とは異なる事業を開始したことをいうのであるから、例えば、既に行っている事業において次のような事実があっただけではこれに該当しない。
(1)　新たな製品を開発したこと
(2)　その事業地域を拡大したこと

［解説（ポイント）］

　この通達は、「新たな事業を開始した」ことの意義を明らかにするとともに、例示によりこれに該当しない事実を具体的に説明しています。

　この点、この通達に定められた2つの事実は例示にすぎませんので、これらの例示以外にも、例えば、現在は休業中となっている事業を再開したような事実も同様に「新たな事業を開始した」とはいえないと考えることができます。

　このように、「新たな事業を開始した」ことに該当するか否かは、当該通算法人の行っている「事業」に係る個々の具体的事情を総合勘案して判定することとなりますので、当然のことながら、日本標準産業分類などの統計分類に基づく事業単位・事業区分などを基にした判定指標や判定方法、売上金額や事業所数などに基づく事業規模の推移などに関する数値基準などの形式的な基準をメルクマールとして判定することができません。

参考（国税庁通達）

2－12（共同事業に係る要件の判定）

　法第57条第8項《欠損金の繰越し》に規定する「共同で事業を行う場合として政令で定める場合」に該当するかどうかの判定（以下2－14において「共同事業に係る要件の判定」という。）に当たっては、基本通達1－4－4《従業者の範囲》から1－4－7《特定役員の範囲》までの取扱いを準用する。

2－13（最後に支配関係を有することとなった日の意義）

　法第57条第8項《欠損金の繰越し》に規定する「最後に支配関係を有することとなつた日」とは、通算親法人と通算法人との間において、同項の「通算承認の効力が生じた日」の直前まで継続して支配関係がある場合のその支配関係を有することとなった日をいうことに留意する。

　令第112条の2第3項第2号《通算完全支配関係に準ずる関係等》、同条第5項において準用する令第112条第7項《適格合併等による欠損金の引継ぎ等》及び令第113条第13項《引継対象外未処理欠損金額の計算に係る特例》において準用する同条第8項第1号に規定する「最後に支配関係を有することとなつた日」についても、同様とする。

2－16（新設法人であるかどうかの判定の時期）

　通算法人が法第57条第11項第3号括弧書《欠損金の繰越し》に規定する「当該内国法人が通算法人である場合において……事業年度でないときにおける当該内国法人」に該当するかどうかの判定（以下2－16において「新設法人判定」という。）は、当該通算法人及び他の通算法人（当該通算法人の同条第1項の規定の適用を受けようとする事業年度（以下2－16において「適用事業年度」という。）終了の日において当該通算法人との間に通算完全支配関係がある法人に限る。）の適用事業年度終了の時の現況によるのであるが、通算親法人の事業年度の中途において通算承認の効力を失った通算法人のその効力を失った日の前日に終了する事業年度の新設法人判定についても、同様とする。

参考（国税庁Q＆A）

Q44　通算制度の開始・加入の際の過年度の欠損金額の切捨て

　通算法人において過年度の欠損金額が切り捨てられるのはどのような場合ですか。

A　通算法人が次の(1)又は(2)に該当する場合には、それぞれの場合に応じてその有する過年度の欠損金額のうち、所定の金額が切り捨てられます。

(1)　時価評価除外法人に該当しない場合

(2)　時価評価除外法人に該当する場合で支配関係発生日後に新たな事業を開始するなど一定の要件に該当する場合

6　欠損金の通算（法64条の7）
～控除限度額の通算グループ一体計算～

要点

➢ 「欠損金の通算」とは、グループ通算制度における通算グループ内の欠損金の繰越控除のことをいいます。
➢ グループ通算制度では、繰越欠損金の控除限度額を通算グループ一体として計算します。

[概要]

《欠損金の通算の概要》

　グループ通算制度では、単体納税と同様に、各通算法人において欠損金の繰越控除額（損金算入額）の計算を行います（法57①、78ページ）が、その適用に当たっては、**10年内事業年度**において生じた欠損金額を**特定欠損金額**と特定欠損金額以外の欠損金額に区分した上で、通算グループ全体の**欠損金の通算**により繰越控除（損金算入）することになります（法64の7①）。

Plus α
欠損金の生じた事業年度の期間が異なる場合の取扱い
　通算子法人の**適用事業年度**開始の日前10年以内に開始した各事業年度の期間が、通算親法人の事業年度開始の日前10年以内に開始した各事業年度の期間と異なる場合には、通算親法人の事業年度開始の日前10年以内に開始した各事業年度の期間をその通算子法人の適用事業年度開始の日前10年以内に開始した各事業年度とすることになります（法64の7①一）。

[キーワード]

10年内事業年度
（法64の7①二）

特定欠損金額
（法64の7①②）

欠損金の通算
（法64の7）

適用事業年度
（法64の7①）

参考法令等　改正解説 P872、グループ概要 P 5

欠損金の繰越控除額（損金算入額）の計算（全体像）

通算法人の欠損金の繰越控除額（損金算入額）の計算

　通算法人の欠損金の繰越控除額（損金算入額）の計算は、適用事業年度開始の日前10年以内に開始した各事業年度（10年内事業年度）のうち最も古い事業年度から順番に、その10年内事業年度ごとに計算を行い、その10年内事業年度ごとに計算した損金算入額の合計額が、その通算法人の欠損金の繰越控除額（損金算入額）となります（法64の7①）。

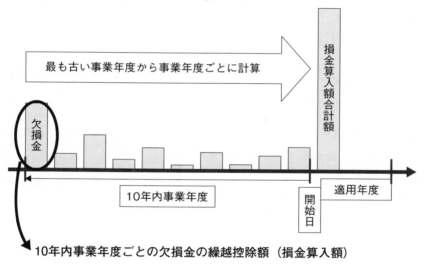

10年内事業年度ごとの欠損金の繰越控除額（損金算入額）

　この「10年内事業年度ごとの欠損金の繰越控除額」の計算について次ページから説明します。

法人税別表等　　別表四、七(一)、七(二)、七(二)付表、十八、十八付表

10年内事業年度ごとの欠損金の繰越控除額の計算（Ⅰ）

　「10年内事業年度ごとの欠損金の繰越控除額（損金算入額）」の計算は、次の順序（A → B）で行います。

　A　特定欠損金額の損金算入額の計算（法64の7①三イ）、

　B　特定欠損金額以外の欠損金額の通算グループ全体の合計額を各通算法人に配賦して、各通算法人の非特定欠損金額を計算し（法64の7①二ロ〜ニ）、その非特定欠損金額の損金算入額の計算（法64の7①三ロ）。

　この「**特定欠損金額の損金算入額**」と「**非特定欠損金額の損金算入額**」の**合計額**が通算法人の「10年内事業年度ごとの欠損金の繰越控除額（損金算入額）」となります（法64の7①三）。

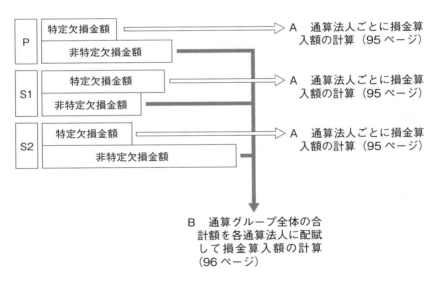

　次に、「特定欠損金額の損金算入額」の計算について次ページで説明します。

10年内事業年度ごとの欠損金の繰越控除額の計算（Ⅱ）

特定欠損金額の損金算入額の計算

　特定欠損金の損金算入額は、その特定欠損金額のうち、特定欠損金額の損金算入限度額（以下「特定損金算入限度額」といいます。）に達するまでの金額となります（法64の7①三イ）。

《特定損金算入限度額の計算》

ⅰ）その通算法人の10年内事業年度の特定欠損金額（欠損控除前所得金額（※1）を限度）（法64の7①三イ柱書）

×

ⅱ）各通算法人の適用事業年度に係る損金算入限度額（※2）の合計額（※3）（法64の7①三イ(1)）

／

ⅲ）各通算法人の10年内事業年度に係る特定欠損金額（欠損控除前所得金額を限度額）合計額（法64の7①三イ(2)(3)）

　上記算式におけるⅱ）の金額がⅲ）の金額に占める割合が1を超える場合には、その割合を1として計算し、ⅲ）の金額が零の場合には、その割合は零として計算します。

※1　欠損控除前所得金額とは、法人税法第57条第1項の規定等を適用しないものとして計算した場合における適用事業年度の所得金額から、その10年内事業年度前の各10年内事業年度で生じた欠損金額とされた金額で法人税法第57条第1項により損金算入される金額（法64の7①二ハ(2)(i)）を控除した金額をいいます。

※2　損金算入限度額とは、法人税法第57条第1項ただし書に規定する損金算入限度額（法64の7①二ハ(2)）、すなわち、その通算法人の所得金額の50％に相当する金額（中小法人等、更生法人等及び新設法人については、所得金額）をいいます。

※3　この合計額からは、その10年内事業年度前の各10年内事業年度で損金算入される欠損金額とされた金額（法64の7①二ハ(2)(i)及び(3)(i)）の合計額を控除します。

　次に、「非特定欠損金額の損金算入額」の計算について次ページで説明します。

10年内事業年度ごとの欠損金の繰越控除額の計算（Ⅲ）

非特定欠損金額の損金算入額の計算

　非特定欠損金額の損金算入額は、その非特定欠損金額のうち、非特定欠損金額の損金算入限度額（以下「非特定損金算入限度額」といいます。）に達するまでの金額となります（法64の7①三ロ）。
　具体的には、次の順序で計算していきます。

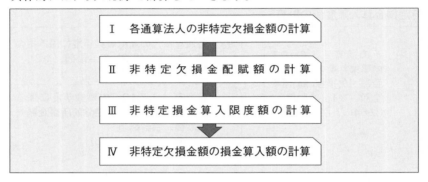

　以下、各計算について説明します。

Ⅰ　各通算法人の非特定欠損金額の計算

　10年内事業年度に生じた欠損金額のうち特定欠損金額以外の金額の通算グループ全体の合計額を各通算法人に配賦して、各通算法人の**非特定欠損金額**を計算します（法64の7①二）。
　非特定欠損金額とは、
　その10年内事業年度に通算法人で生じた特定欠損金額以外の欠損金額に、
A）　次のⅡの算式により計算した金額（以下「非特定欠損金配賦額」といいます。）がその特定欠損金額以外の欠損金額を超える場合にはその超える部分の金額（以下「被配賦欠損金額」といいます。）を加算し、
B）　非特定欠損金配賦額がその特定欠損金額以外の欠損金額に満たない場合にはその満たない部分の金額（以下「配賦欠損金額」といいます。）
を控除した金額をいいます（法64の7①二ロ～ニ）。

Ⅱ　非特定欠損金配賦額の計算

$$
\begin{pmatrix} \text{i})\ \text{各通算法人の10年内} \\ \text{事業年度に係る特定欠} \\ \text{損金額以外の欠損金額} \\ \text{の合計額} \\ \text{（法64の7①二ハ(1)）} \end{pmatrix} \times \dfrac{\begin{pmatrix} \text{ii})\ \text{その通算法人の適用事業年度の損金算} \\ \text{入限度額（※）} \\ \text{（法64の7①二ハ（2）)} \end{pmatrix}}{\begin{pmatrix} \text{iii})\ \text{各通算法人の適用事業年度に係る損金} \\ \text{算入限度額の合計額} \\ \text{（法64の7①二ハ（2）(3)）} \end{pmatrix}}
$$

※　上記の損金算入限度額からは、(i)その10年内事業年度前の各10年内事業年度で生じた欠損金額とされた金額で法人税法第57条第1項により損金算入される金額及び(ii)その10年内事業年度に係る対応事業年度で生じた特定欠損金額で法人税法第57条第1項により損金算入される金額を控除します（次の「Ⅲ非特定損金算入限度額の計算」における損金算入限度額の合計額も同じです。）。

Ⅲ　非特定損金算入限度額の計算

$$
\begin{pmatrix} \text{i})\ \text{その通算法人の10年} \\ \text{内事業年度の非特定欠} \\ \text{損金額} \\ \text{（法64の7①三ロ柱書）} \end{pmatrix} \times \dfrac{\begin{pmatrix} \text{ii})\ \text{各通算法人の適用事業年度に係る損金} \\ \text{算入限度額の合計額} \\ \text{（法64の7①三ロ（1）)} \end{pmatrix}}{\begin{pmatrix} \text{iii})\ \text{各通算法人の10年内事業年度に係る} \\ \text{特定欠損金額以外の欠損金額の合計額} \\ \text{（法64の7①三ロ（2）)} \end{pmatrix}}
$$

　この計算において、上記算式におけるⅱ）の金額がⅲ）の金額のうちに占める割合が1を超える場合には、その割合を1として計算し、ⅲ）の金額が零の場合には、その割合は零として計算します。

Ⅳ　非特定欠損金額の損金算入額の計算

　「Ⅰ　非特定欠損金額」と「Ⅲ　非特定損金算入限度額」のうち、**いずれか少ない金額**が非特定欠損金額となります。

10年内事業年度ごとの欠損金の繰越控除額の計算（まとめ）

　10年内事業年度ごとの各通算法人の欠損金額の繰越控除額（損金算入額）の計算は、まず、各通算法人の特定欠損金額の損金算入額の計算を行い（95ページ）、次に、特定欠損金額以外の欠損金額の通算グループ全体の合計額を各通算法人に配賦して各通算法人の非特定欠損金額を計算し、非特定欠損金額の損金算入額の計算を行います（96、97ページ）。

　10年内事業年度ごとの各通算法人の欠損金額の繰越控除額（損金算入額）は、特定欠損金額の損金算入額と非特定欠損金額の損金算入額の合計額となります。

> **特定欠損金額の損金算入額（95ページの金額）**
>
> ＋
>
> **非特定欠損金額の損金算入額の計算（97ページの金額）**
>
> ＝
>
> 10年内事業年度ごとの
> 欠損金の繰越控除額（損金算入額）

Plus α

翌期以後の繰越欠損金額の計算
　翌期以後に繰り越す欠損金額は、次の損金算入欠損金額が各通算法人の損金の額に算入されたものとして計算を行います（法64の7①四）。

《損金算入欠損金額》
　次のイ及びロの金額の合計額をいいます。
イ　その通算法人のその10年内事業年度において生じた特定欠損金額のうち特定損金算入限度額に達するまでの金額
ロ　その通算法人のその10年内事業年度において生じた特定欠損金額以外の欠損金額に非特定損金算入割合を乗じて計算した金額

欠損金の通算の遮断措置（法64の7④）

《他の通算法人の期限内申告における数値に誤りがあった場合》

　欠損金の通算の規定（法64の7①）を適用する場合において、他の通算法人の次のイからニまでの金額が修更正により期限内申告書に添付された書類に記載された金額と異なることとなったときは、当該規定による損金算入額の計算上、その書類に記載された金額が次のイからニまでの金額とみなされます（法64の7④）。

イ　他の通算法人の事業年度（以下「他の事業年度」といいます。）の損金算入限度額

ロ　他の事業年度開始の日前10年内に開始した各事業年度において生じた欠損金額又は特定欠損金額

ハ　上記ロの欠損金額又は特定欠損金額のうち損金の額に算入される金額

ニ　その各事業年度に係る他の欠損控除前所得金額

　これにより、欠損金の通算による損金算入額の計算上、上記イからニまでの金額は固定化されますので、他の通算法人の修更正による影響は遮断されることになります。

Plus α

欠損金の通算の全体再計算（法64の7⑧）

　通算法人の適用事業年度又は他の事業年度のいずれかについて修更正がされる場合において、次のいずれかに該当するときは、その適用事業年度については、上記**「遮断措置」**等は適用しないことになります。

イ　欠損事業年度の全体再計算（72ページ）

ロ　いわゆる不当性要件による全体再計算（76ページ）

実務上のポイント（用語編）

10年内事業年度	適用事業年度開始の日前10年以内に開始した各事業年度をいいます（法64の7①二）。
適用事業年度	法人税法第57条第1項《欠損金の繰越し》の規定の適用を受ける事業年度をいいます（法64の7①一）。
特定欠損金額	次に掲げる金額をいいます（法64の7①②）。 イ　通算法人（時価評価除外法人に限ります。）の最初通算事業年度開始の日前10年以内に開始した各事業年度において生じた欠損金額 ロ　通算法人を合併法人とする適格合併が行われたこと又は通算法人との間に完全支配関係がある他の内国法人でその通算法人が発行済株式等の全部又は一部を有するものの残余財産が確定したことに基因してこれらの通算法人の欠損金額とみなされた金額 ハ　通算法人に該当する事業年度において生じた欠損金額のうち法人税法第64条の6の規定によりないものとされたもの
欠損金の通算	グループ通算制度における通算グループ内の欠損金の繰越控除のことをいいます。法令上の定義はありません。
「遮断措置」等	法人税法第64条の7第4項から第7項までの規定をいいます（法64の7⑧）。

実務上のポイント（通達編）

2-26（特定欠損金額の損金算入の順序及び損金算入額の上限）

　一の事業年度において生じた法第64条の7第1項第2号イ《欠損金の通算》
に規定する欠損金額（以下2-26において「欠損金額」という。）のうちに特定
欠損金額（同条第2項に規定する特定欠損金額をいい、同条第3項の規定によ
り当該特定欠損金額とみなされた金額を含む。以下2-26において「特定欠損
金額」という。）が含まれる場合における同条第1項の規定の適用に当たっては、
次のことに留意する。

(1)　欠損金額の一部のみが特定欠損金額である場合には、当該特定欠損金額に
　　相当する金額から損金算入を行う。

(2)　同項第1号に規定する適用事業年度において損金算入できる特定欠損金額
　　の上限は、たとえ当該通算法人が法第57条第11項第1号《欠損金の繰越し》
　　に規定する中小法人等以外の法人に該当する場合であっても、同条第1項た
　　だし書に規定する損金算入限度額に達するまでの金額ではなく、法第64条の
　　7第1項第3号イに規定する欠損控除前所得金額に達するまでの金額を基礎
　　として計算した金額となる。

［解説（ポイント）］

　本通達(1)では、一の事業年度において生じた欠損金額が特定欠損金額と特定
欠損金額以外の欠損金額からなるときには、先に特定欠損金額を控除した上で、
その後に特定欠損金額以外の欠損金額を繰越控除（損金算入）することが明ら
かにされています。

　本通達(2)では、特定損金算入限度額の計算に当たり、損金算入額の上限に係
る計算方法については、グループ通算制度を適用しない法人における欠損金の
繰越控除（法57①）では、中小法人等（法57⑪一）以外の法人にあっては損金
算入限度額（法57①ただし書）を限度としますが、グループ通算制度を適用す
る法人については、中小法人等以外の法人にあっても、95ページの特定損金算
入限度額の算式のとおりとされるなど、同じ個別申告でありながら、その計算
方法は大きく異なっていますので、そのことが留意的に明らかにされています。

参考（国税庁Q＆A）

➢国税庁Q＆A

Q 45　過年度の欠損金額を通算制度適用後に損金算入することの可否

　通算親法人となるP社（3月決算）と、P社による完全支配関係を有する通算子法人となるS社は、通算制度の承認を受けてX6年4月1日から通算制度を開始しました。

　時価評価除外法人に該当するP社とS社の間には、その通算制度の開始日（X6年4月1日）の5年前の日（X1年3月31日）から継続して支配関係があります。

　P社には、通算制度を開始する前の事業年度において生じた欠損金額がありますが、この欠損金額は、通算制度を開始した日以後に開始する事業年度において、P社の損金の額に算入できますか。

A　P社の欠損金額は、通算制度を開始した日以後に開始する事業年度において、特定欠損金額として、P社の損金の額に算入することとなります。

Q 46　通算法人の過年度の欠損金額の当初申告における損金算入額の計算方法

　P社、S1社及びS2社（同一の通算グループ内の通算法人で、いずれも3月決算です。）は、前期において生じた次の欠損金額を有しており、また、当期の期限内申告における欠損金額を控除する前の所得の金額（法57①。以下「所得金額」といいます。）はそれぞれ次のとおりです。

	前　　期			当　　期
	特定欠損金額	特定欠損金額以外の欠損金額	欠損金額の合計	所得金額
P 社	0	150	150	220
S 1 社	50	70	120	80
S 2 社	0	300	300	180
合計	50	20	570	480

　この場合の当期におけるP社、S1社及びS2社の欠損金額の損金算入額の計算はそれぞれどのように行うのでしょうか。

　なお、P社、S1社及びS2社は、中小法人等などの法人には該当しません。

A　本件における欠損金額の損金算入額の計算は、まず、各通算法人の特定欠損金額の損金算入額の計算を行い、次に、特定欠損金額以外の欠損金額の通算グループ全体の合計額を各通算法人に配賦して各通算法人の非特定欠損金額を計算し、非特定欠損金額の損金算入額の計算を行います。

　各通算法人の欠損金額の損金算入額は、特定欠損金額の損金算入額と非特定欠損金

額の損金算入額の合計額となります。

　その結果、Ｐ社、Ｓ１社及びＳ２社の損金算入額は、それぞれ104、50及び86となります。

Q47　修正申告等があった場合の通算法人の過年度の欠損金額の損金算入額の計算方法

　Ｐ社、Ｓ１社及びＳ２社（同一の通算グループ内の通算法人で、いずれも３月決算です。）は、前期において生じた次の欠損金額を有しており、また、当期の期限内申告における欠損金額を控除する前の所得の金額（法57①、以下「所得金額」といいます。）は次のとおりです。

	前　期			当　期		
	特定欠損金	特定欠損金以外の欠損金額	欠損金額の合計	期限内申告の所得金額	修正申告後の所得金額	期限内申告における過年度の欠損金額の損金算入額
Ｐ社	0	150	150	220	600	104
Ｓ１社	50	70	120	80	180	50
Ｓ２社	0	300	300	180	－	86
合計	50	520	570	480	－	240

　その後、税務調査によりＰ社及びＳ１社の所得金額がそれぞれ600及び180となったため、Ｐ社及びＳ１社は修正申告を行うこととなりました。

　この場合のＰ社及びＳ１社の欠損金額の損金算入額の計算はそれぞれどのように行いますか。また、Ｓ２社は、Ｐ社及びＳ１社の修正申告に伴い、損金算入額を再計算する必要はありますか。

　なお、Ｐ社、Ｓ１社及びＳ２社は、中小法人等などの法人には該当しません。

A　期限内申告において通算グループ内の他の通算法人との間で欠損金額を固定する調整をした上で、Ｐ社及びＳ１社はそれぞれの法人のみで損金算入額を計算することとなります。

　本件については、Ｐ社及びＳ１社の期限内申告における損金算入額は、それぞれ104及び50ですが、修正申告に伴いそれぞれ200及び94となります。

　一方、Ｓ２社において損金算入額の再計算を行う必要はありません。

Ｑ48　通算グループ内の通算子法人同士の適格合併が行われた場合の被合併法人の欠損金額の取扱い

　通算親法人Ｐ社（３月決算）の通算子法人Ｓ２社は、Ｘ１年12月１日にＰ社の通算グループの通算子法人Ｓ１社を合併法人とする適格合併を行いましたが、Ｓ２社のその合併の日の前日の属する事業年度において欠損金額が生じています。この場合のＳ２社の合併の日の前日の属する事業年度に生じた欠損金額及びその事業年度前の通算制度の適用を受けていた事業年度に生じた欠損金額は、どのように取り扱われるのでしょうか。

Ａ　Ｓ２社の自Ｘ１年４月１日至Ｘ１年11月30日事業年度に生じた欠損金額は、Ｓ１社の自Ｘ１年４月１日至Ｘ２年３月31日事業年度において損金の額に算入されます。
　また、Ｓ２社の各事業年度に生じた欠損金額のうち、適格合併によりＳ１社の欠損金額とみなされる金額は、Ｓ２社の特定欠損金額に達するまでの金額は特定欠損金額として、それ以外の欠損金額は特定欠損金額以外の欠損金額として、それぞれＳ１社の欠損金額に加算されます。

Ｑ49　通算制度の適用を受けようとする最初の事業年度終了前に離脱した通算子法人の過年度の欠損金額の取扱い

　通算親法人となることができるＰ社（３月決算）とＰ社による完全支配関係を有する通算子法人となることができるＳ社（３月決算）ほか１社は、自Ｘ１年４月１日至Ｘ２年３月31日事業年度を最初の通算制度の適用を受ける事業年度とする通算制度の承認を受けることとなりましたが、Ｐ社がＸ１年12月１日にＳ社の株式をＰ社の通算グループ外の第三者に売却したことにより、Ｓ社はＰ社の通算グループから離脱することとなりました。
　この場合に、Ｓ社は通算子法人となる前の各事業年度において生じた欠損金額は、Ｐ社の通算グループを離脱した後も引き続きＳ社の欠損金額として取り扱うこととなるのでしょうか。
　また、この取扱いはＳ社が時価評価除外法人に該当しない場合であっても同様となるのでしょうか。

Ａ　Ｓ社のＸ１年４月１日前の各事業年度に生じた欠損金額は、Ｐ社の通算グループを離脱した後も引き続きＳ社の欠損金額となります。
　また、この取扱いはＳ社が時価評価除外法人に該当しない場合であっても同様です。

memo

7 資産の時価評価損益（法64条の11①）
～通算制度の開始に伴う時価評価～

要点

> ➤ グループ通算制度の適用に当たっては、保有する一定の資産について
>   時価評価を行い、評価損益を計上します。
> ➤ 連結納税の開始に伴う資産の時価評価損益の取扱いと対象法人の範囲
>   を除き、おおむね同様です。

［概要］

《開始に伴う資産の時価評価》

　通算承認を受ける**対象法人**（107ページ）が**通算開始直前事業年度**終了の時に有する**時価評価資産**（109ページ）の評価益の額又は評価損の額は、その通算開始直前事業年度の益金の額又は損金の額に算入します（法64の11①）。

　評価益の額とは、その時の価額（時価）がその時の帳簿価額を超える場合のその超える部分の金額をいいます。
　評価損の額とは、その時の帳簿価額がその時の価額（時価）を超える場合のその超える部分の金額をいいます。

（時価評価イメージは、次ページ参照）

［キーワード］

通算開始直前
事業年度
（法64の11①）

参考法令等　　法令131の15、法規127の16の10
　　　　　　　　改正解説 P908、グループ概要 P 6

通算制度の開始に伴う時価評価（イメージ）

　グループ通算制度の適用開始時において、一定の場合には、資産の時価評価課税があります。

《評価益の額》

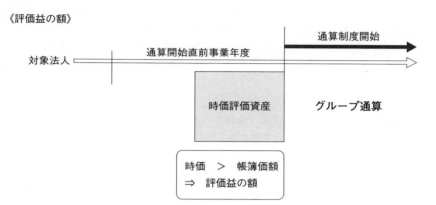

《評価損の額》

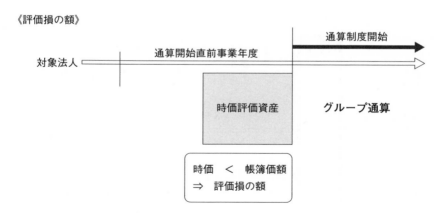

対象法人の範囲

> **対象法人（法64の11①）**
>
> ・親法人
> ・その親法人の最初通算事業年度開始の時にその親法人との間にその親法
> 　人による完全支配関係がある内国法人
> ただし、次に掲げる法人（時価評価の対象外となる法人）を除きます。

※親法人（19ページ）

時価評価の対象外となる法人（法64の11①）
イ　親法人と他の内国法人（その親法人の最初通算事業年度開始の時にその親法人
　　との間にその親法人による完全支配関係があるものに限ります。）のいずれかと
　　の間に完全支配関係が継続することが見込まれている場合におけるその親法人
ロ　その親法人と他の内国法人との間にその親法人による完全支配関係が継続する
　　ことが見込まれている場合における当該他の内国法人

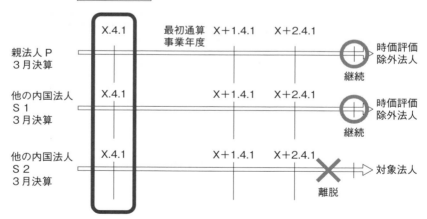

　すなわち、グループ通算制度の開始に伴い時価評価の対象となる法人は、親
法人による完全支配関係の継続が見込まれない法人（ここでは、他の内国法人
S2）となります。

時価評価資産の範囲

時価評価資産	評価損益の計上に適しない資産
固 定 資 産 **土地** （土地の上に存する権利を含み、固定資産を除きます。） **有 価 証 券** **金 銭 債 権** **繰 延 資 産**	・**最初通算事業年度**開始の日の５年前の日以後に終了する親法人又は他の内国法人の各事業年度において所定の圧縮記帳等の適用を受けた減価償却資産 ・売買目的有価証券 ・償還有価証券 ・資産の帳簿価額が1,000万円に満たない場合のその資産（**判定単位は次ページ**） ・資産の価額とその帳簿価額との差額がその資産を有する親法人又は他の内国法人の資本金等の額の２分の１に相当する金額又は1,000万円のいずれか少ない金額に満たない場合のその資産 ・親法人との間に完全支配関係のある清算中の内国法人等の株式又は出資で、**含み損のあるもの** ・親法人又は他の内国法人が他の通算グループの通算法人である場合におけるその親法人又は他の通算法人の株式又は出資 ・**初年度離脱開始子法人**の有する資産

（法64の11①、法令131の15①）

時価評価資産の判定単位

　評価損益の計上に適しない「帳簿価額が1,000万円に満たない資産」の判定単位は、次の資産の区分に応じた単位とされています。

金銭債権		1の債務者ごと
減価償却資産	A　建物	1棟ごと （区分所有権である場合、区分所有権ごと）
	B　機械及び装置	1の生産設備又は1台若しくは1基 （通常一組又は一式をもって取引の単位 とされるものにあっては、一組又は一式）
	C　その他の減価償却資産	A又はBに準じて区分
土地等		一筆ごと （一体として事業の用に供される一団の 土地等にあっては、その一団の土地等）
有価証券		その異なる銘柄ごと
その他の資産		通常の取引の単位を基準

（法規27の16の10、27の15①）

実務上のポイント（用語編）

通算開始直前事業年度	最初通算事業年度開始の日の前日（その内国法人が時価評価法人である場合には、最初通算事業年度終了の日）の属するその内国法人の事業年度をいいます（法64の11①）。
最初通算事業年度	通算承認の効力が生ずる日以後最初に終了する事業年度をいいます（法64の11①カッコ書）。
含み損のあるもの	株式又は出資の価額（時価）がその帳簿価額に満たないものをいいます（法令131の15①六）。
初年度離脱開始子法人	他の内国法人で親法人の最初通算事業年度終了の日までにその親法人による完全支配関係（通算除外法人及び外国法人が介在しない一定の関係に限ります。）を有しなくなるもの（その完全支配関係を有することとなった日以後2か月以内にその通算グループ内の通算法人による株式の売却時の一定の事実が生ずることによりその完全支配関係を有しなくなるものに限り、その通算グループ内の合併又は残余財産の確定により親法人の完全支配関係を有しなくなるものを除きます。）をいいます（法令131の15①八）。

Plus α

株式等保有法人における子法人株式の開始時時価評価

　時価評価法人の株式等を保有する内国法人は、

　開始直前事業年度の終了の時において、その株式等の評価損益を計上することになります（法64の11②）。

※加入時も同じです（法64の12②）。

実務上のポイント（通達編）

2-40（通算制度の開始に伴う時価評価資産等に係る時価の意義）

　法第64条の11《通算制度の開始に伴う資産の時価評価損益》の規定の適用に当たっては、次による。

(1) 同条第1項に規定する時価評価資産（以下2-46までにおいて「時価評価資産」という。）の「その時の価額」は、当該時価評価資産が使用収益されるものとしてその時において譲渡されるときに通常付される価額によるのであるが、次に掲げる資産について、次に掲げる区分に応じそれぞれ次に掲げる方法その他合理的な方法により当該資産のその時の価額を算定しているときは、課税上弊害がない限り、これを認める。

イ　減価償却資産
　(イ)　令第13条第1号から第7号まで《減価償却資産の範囲》に掲げる減価償却資産　基本通達9-1-19《減価償却資産の時価》に定める方法により計算される未償却残額に相当する金額をもって当該減価償却資産の価額とする方法
　(ロ)　同条第8号及び第9号に掲げる減価償却資産　当該減価償却資産の取得価額を基礎としてその取得の時から通算開始直前事業年度終了の時まで旧定額法により償却を行ったものとした場合に計算される未償却残額に相当する金額をもって当該減価償却資産の価額とする方法

ロ　土地　当該土地につきその近傍類地の売買実例を基礎として合理的に算定した価額又は当該土地につきその近傍類地の公示価格等（地価公示法第8条《不動産鑑定士の土地についての鑑定評価の準則》に規定する公示価格又は国土利用計画法施行令第9条第1項《基準地の標準価格》に規定する標準価格をいう。）から合理的に算定した価額をもって当該土地の価額とする方法

ハ　有価証券　基本通達9-1-8《市場有価証券等の価額》、9-1-13《市場有価証券等以外の株式の価額》、9-1-14《市場有価証券等以外の株式の価額の特例》又は9-1-15《企業支配株式等の時価》に定める方法に準じた方法によって算定した価額をもって当該有価証券の価額とする方法

ニ　金銭債権
　(イ)　その一部につき貸倒れその他これに類する事由による損失が見込まれる金銭債権　当該金銭債権の額から当該金銭債権につき法第52条第1項《貸倒引当金》の規定を適用した場合に同項の規定により計算される個別貸倒引当金繰入限度額に相当する金額を控除した金額をもって当該金銭債権の価額とする方法

　㈹　㈶以外の金銭債権　当該金銭債権の帳簿価額をもって当該金銭債権の価額とする方法

ホ　繰延資産

　㈶　令第14条第１項第１号から第５号まで《繰延資産の範囲》に掲げる繰延資産　当該繰延資産の帳簿価額をもって当該繰延資産の価額とする方法

　㈹　同項第６号に掲げる繰延資産　当該繰延資産の額を基礎としてその支出の時から通算開始直前事業年度終了の時まで令第64条第１項第２号《繰延資産の償却限度額》の規定により償却を行ったものとした場合に計算される未償却残額に相当する金額をもって当該繰延資産の価額とする方法

　　（注）　この場合における償却期間は、基本通達８－２－１《効果の及ぶ期間の測定》から８－２－５《公共下水道に係る受益者負担金の償却期間の特例》までに定める償却期間による。

⑵　法第64条の11第２項に規定する株式又は出資の「その時の価額」は、当該株式又は出資がその時において譲渡されるときに通常付される価額によるのであるが、当該株式又は出資について、⑴ハに掲げる方法その他合理的な方法によりその時の価額を算定しているときは、課税上弊害がない限り、これを認める。

［解説（ポイント）］

　本通達では、グループ通算制度の適用開始時において時価評価が必要な「時価評価資産の開始時時価評価」と「子法人株式の開始時時価評価」の２つの時価評価における時価の意義とその合理的な方法として認められる評価方法がそれぞれ明らかにされています。

　具体的には、「時価評価資産の開始時時価評価」について、既存の基通９－１－３における資産の評価損益を計上する場合の取扱いと同様の取扱いとして、時価評価資産に係るその時の価額（以下「時価」といいます。）は、当該時価評価資産がそのままの状態で使用収益されるものと仮定した場合の通常の譲渡価額によることが明らかにされています。

　しかしながら、実務上、その時価の算定は必ずしも容易ではないことから、それぞれの資産の種類に応じて、それぞれに掲げる方法で算定した金額について、課税上弊害がない限り、これを時価と認めることも定められています。

　また、「子会社株式の開始時時価評価」について、上記の「時価評価資産の開始時時価評価」と同様、株式又は出資がその時において譲渡されるときの通常の譲渡価額によることが明らかにされていますが、時価算定の困難性を考慮し、本通達の(1)のハ（有価証券）に掲げる方法で算定した金額については、課税上弊害がない限り、これを時価として認めることが定められています。

参考（国税庁通達及びＱ＆Ａ）

➤国税庁通達

2－19（通算制度の開始等に伴う繰延長期割賦損益額の判定）

　令第127条第1項《通算制度の開始等に伴うリース譲渡に係る収益及び費用の処理に関する規定の不適用》に規定する繰延長期割賦損益額が1,000万円に満たないかどうかの判定については、2－32(2)《譲渡損益調整額等が1,000万円以上であるかどうかの判定単位等》の取扱いを準用する。

2－41（最初通算事業年度に離脱した法人の時価評価損益等）

　法人が、当該法人に係る法第64条の9第1項《通算承認》に規定する親法人の最初通算事業年度（通算承認の効力が生ずる日以後最初に終了する事業年度をいう。以下2－53までにおいて同じ。）（当該法人が同条第10項第1号の規定の適用を受ける法人である場合には、当該親法人の最初通算事業年度の翌事業年度）において、法第64条の10第6項《通算制度の取りやめ等》の規定により通算承認の効力を失ったため通算法人でなくなった場合であっても、法第64条の11第1項《通算制度の開始に伴う資産の時価評価損益》の規定によりその通算開始直前事業年度終了の時に有する時価評価資産について益金の額に算入した評価益の額又は損金の額に算入した評価損の額は、当該通算開始直前事業年度又はその後の各事業年度のいずれにおいても修正は行わないことに留意する。

（注）　法第61条の11第1項《完全支配関係がある法人の間の取引の損益》の譲渡利益額若しくは譲渡損失額、法第63条第4項《リース譲渡に係る収益及び費用の帰属事業年度》の収益の額及び費用の額又は次に掲げる規定により益金の額に算入される特別勘定の金額についても、同様とする。

　　1　措置法第64条の2第11項《収用等に伴い特別勘定を設けた場合の課税の特例》
　　2　措置法第65条第3項《換地処分等に伴い資産を取得した場合の課税の特例》において準用される措置法第64条の2第11項
　　3　措置法第65条の8第11項《特定の資産の譲渡に伴い特別勘定を設けた場合の課税の特例》
　　4　措置法第66条の13第8項《特別新事業開拓事業者に対し特定事業活動として出資をした場合の課税の特例》

2－42（時価評価法人の時価評価すべき資産－通算制度の開始）

　法第64条の9第2項《通算承認》に規定する他の内国法人が申請特例年度開始の日の前日の属する事業年度終了の時において、時価評価資産を有しないが令第131条の13第2項第2号、第3号又は第4号《時価評価資産等の範囲》に掲げるものを有する

場合には、当該申請特例年度終了の時において当該他の内国法人の有する時価評価資産につき法第64条の11第1項《通算制度の開始に伴う資産の時価評価損益》の規定の適用があることに留意する。

(注)　関連法人（法第64条の9第10項第1号に規定する時価評価法人が発行済株式又は出資を直接又は間接に保有する他の内国法人をいい、同号に規定する時価評価法人に該当する法人を除く。）が申請特例年度終了の時において時価評価資産を有するときであっても、当該時価評価資産については法第64条の11第1項の規定の適用はない。

2－43（時価評価資産から除かれる資産の範囲）

　令第131条の15第1項第1号《通算制度の開始に伴う資産の時価評価損益》の規定の適用上、同号ハに掲げる規定の適用を受けた減価償却資産には、基本通達10－3－3の後段《工事負担金を受けた事業年度において固定資産が取得できない場合の仮受経理等》の取扱いにより圧縮記帳をした減価償却資産が含まれる。

2－44（一括償却資産に係る時価評価益の計算）

　法人の有する資産が令第131条の15第1項第4号又は第5号《通算制度の開始に伴う資産の時価評価損益》に掲げる資産に該当するかどうかを判定する場合には、当該資産が令第133条の2第1項《一括償却資産の損金算入》の規定の適用を受けているものであるときであっても、当該資産を令第131条の15第1項第4号に規定する単位に区分した後のそれぞれの資産ごとに判定することに留意する。

(注)　この場合において、同号及び同項第5号に規定する帳簿価額は零として、同項第4号に規定する1,000万円に満たないかどうかの判定及び同項第5号に規定する資本金等の額の2分の1に相当する金額又は1,000万円のいずれか少ない金額に満たないかどうかの判定を行うこととなる。

2－45（時価評価時に時価評価資産から除かれる資産を判定する場合の資本金等の額）

　法人が時価評価資産を有するかどうかを判定する場合における令第131条の15第1項第5号《通算制度の開始に伴う資産の時価評価損益》に規定する「資本金等の額」は、通算開始直前事業年度終了の時の資本金等の額となることに留意する。

2－46（株式等保有法人が有する子法人の株式等の時価評価損益）

　法第64条の11第2項《通算制度の開始に伴う資産の時価評価損益》に規定する株式等保有法人（以下2－46において「株式等保有法人」という。）については、次に掲げる場合に該当する場合であっても、同項の規定の適用があることに留意する。

(1)　同項に規定する内国法人が、その通算開始直前事業年度終了の時において時価評価資産を有していない場合

(2)　当該株式等保有法人が、当該内国法人の通算開始直前事業年度終了の時において、同条第1項各号に掲げる法人に該当する場合又は時価評価資産を有していない場合

➤**国税庁Ｑ＆Ａ**

Ｑ30　通算制度の開始に伴う時価評価を要しない法人
　通算制度の開始に当たり、時価評価資産を有していても時価評価を要しない法人があるそうですが、具体的にはどのような法人が該当しますか。

Ａ　時価評価を要しない法人は、次の(1)及び(2)の法人となります。
(1)　通算親法人となる法人と通算子法人となる法人のいずれかとの間に完全支配関係が継続することが見込まれている場合におけるその通算親法人となる法人
(2)　通算親法人となる法人と通算子法人となる法人との間に完全支配関係が継続することが見込まれている場合におけるその通算子法人となる法人

Ｑ33　時価評価資産の範囲
　通算制度の開始、通算制度への加入及び通算制度からの離脱に当たっては、時価評価が必要となる法人の有する一定の資産については、時価評価をすることとされていますが、時価評価の対象となる資産とはどのようなものをいうのですか。

Ａ　時価評価の対象となる資産（以下「時価評価資産」といいます。）とは、固定資産、棚卸資産たる土地（土地の上に存する権利を含みます。）、有価証券、金銭債権及び繰延資産をいいます。
　ただし、これらの資産のうち、資産の帳簿価額が1,000万円に満たない場合のその資産等、一定の資産が除かれます。

Ｑ35　設立事業年度等の承認申請特例の適用がある場合における時価評価資産等を有する法人か否かの判定時期等について
　通算制度の開始に当たり、いわゆる設立事業年度等の承認申請特例の適用を受ける場合には、時価評価資産等を有する時価評価法人は、通算親法人の最初の事業年度の翌事業年度から通算制度の規定を適用することとされていますが、この時価評価資産等を有する法人か否かの判定は、いつの時点でどのように行うことになりますか。

Ａ　時価評価資産等を有する法人か否かの判定は、次の法人の区分に応じ、それぞれ次の時点において時価評価資産その他の一定の資産（以下「時価評価資産等」といいます。）を保有しているか否かによって行います。
(1)　設立事業年度等の開始の時に親法人との間に完全支配関係がある法人
　その通算親法人となる法人の通算制度の規定の適用を受けようとする最初の事業年度の開始の日の前日の属する事業年度終了の時
(2)　通算親法人の設立事業年度等の承認申請特例の適用を受ける事業年度の中途にその通算親法人との間に完全支配関係を有することとなった法人
　その完全支配関係を有することとなった日の前日の属する事業年度終了の時

Q36　時価評価した減価償却資産に係る評価後の減価償却の方法

　通算制度の開始、通算制度への加入及び通算制度からの離脱に当たり、その法人の有する時価評価資産である減価償却資産について評価益又は評価損を計上する場合、その評価益又は評価損を計上した事業年度後の各事業年度における減価償却に係る計算方法はどのようになりますか。

A　その評価益又は評価損を計上した事業年度後の各事業年度における減価償却の計算に係る取得価額や損金経理額などについて、必要な調整を行うこととなります。

memo

8　資産の時価評価損益（法64条の12①）
～通算制度の加入に伴う時価評価～

要点

➢ グループ通算制度への加入に当たっては、保有する一定の資産について時価評価を行い、評価損益を計上します。
➢ 連結納税の加入に伴う資産の時価評価損益の取扱いと対象法人の範囲を除き、おおむね同様です。

[概要]

《加入に伴う資産の時価評価》

　みなし承認を受ける対象法人（122ページ）が**通算加入直前事業年度**終了の時に有する**時価評価資産**（123ページ）の**評価益の額又は評価損の額**は、その通算加入直前事業年度の益金の額又は損金の額に算入します（法64の12①）。

（時価評価イメージは、次ページ参照）

[キーワード]

通算加入直前
事業年度
（法64の12①）

評価益の額又
は評価損の額
（法64の12①）

Plus α

　対象法人がグループ通算制度に加入する場合には、一定の法人（122ページ）に該当しない限り、その法人は評価損益を計上しますので、再加入する場合であっても評価損益の計上が必要となります。

参考法令等　法令131の16、法規27の16の11
　　　　　　　改正解説 P911、グループ概要 P 6

通算制度の加入に伴う時価評価（イメージ）

　通算グループへの加入時において、一定の場合には、資産の時価評価課税があります。

《評価益の額》

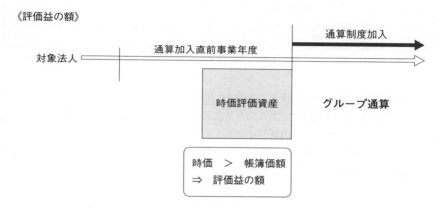

《評価損の額》

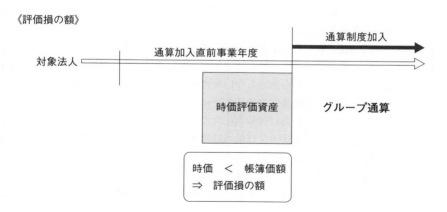

対象法人の範囲

対象法人（法64の12①）

みなし承認を受ける他の内国法人（子法人）

ただし、次に掲げる法人（時価評価の対象外となる法人）を除きます。

※みなし承認（6ページ）、子法人（20ページ）

時価評価の対象外となる法人（法64の12①）

イ　通算法人が通算親法人による完全支配関係がある法人を設立した場合におけるその法人（通算グループ内新設法人）

ロ　通算法人を株式交換等完全親法人とする適格株式交換等に係る株式交換等完全子法人（適格株式交換等により加入した株式交換等完全子法人）

ハ　通算親法人が法人との間にその通算親法人による完全支配関係を有することとなった場合（※1）で、かつ、**一定の要件の全てに該当する場合**におけるその法人（※2）

※1　完全支配関係の直前において通算親法人とその法人との間に通算親法人による支配関係がある場合に限ります。

※2　通算親法人による完全支配関係が継続することが見込まれている場合として一定の場合に該当する法人に限り、適格株式交換等の適格要件のうち対価要件以外のいずれにも該当しない株式交換等により完全支配関係を有することとなった株式交換等完全子法人を除きます。

ニ　通算親法人が法人との間に通算親法人による完全支配関係を有することとなった場合で、かつ、通算親法人又は他の通算法人とその法人とが**共同で事業を行う一定の場合**に該当する場合におけるその法人（※）

※　通算法人による完全支配関係が継続することが見込まれている場合として一定の場合に該当する法人に限り、適格株式交換等の適格要件のうち対価要件以外のいずれにも該当しない株式交換等により完全支配関係を有することとなった株式交換等完全子法人を除きます。

時価評価資産の範囲

　時価評価資産は、対象法人が通算加入直前事業年度終了の時に有する次の資産ですが、これらの資産のうち、次の「評価損益の計上に適しない資産」が除かれます。

時価評価資産	評価損益の計上に適しない資産
固 定 資 産 **土地** （土地の上に存する権利を含み、固定資産を除きます。） **有 価 証 券** **金 銭 債 権** **繰 延 資 産**	・他の内国法人が親法人との間に完全支配関係を有することとなった日以後最初に開始するその親法人の事業年度開始の日の5年前の日以後に終了するその他の内国法人の各事業年度において所定の圧縮記帳等の適用を受けた減価償却資産 ・売買目的有価証券 ・償還有価証券 ・資産の帳簿価額が1,000万円に満たない場合のその資産（**判定単位は次ページ**） ・資産の価額とその帳簿価額との差額が他の内国法人の資本金等の額の2分の1に相当する金額又は1,000万円のいずれか少ない金額に満たない場合のその資産 ・他の内国法人との間に完全支配関係のある清算中の内国法人等の株式又は出資で、含み損のあるもの（111ページ） ・他の内国法人が他の通算グループの通算法人である場合におけるその他の内国法人の有する他の通算法人の株式又は出資 ・**初年度離脱加入子法人**の有する資産

（法64の12①、法令131の16①）

時価評価資産の判定単位

　評価損益の計上に適しない「帳簿価額が1,000万円に満たない資産」の判定単位は、次の資産の区分に応じた単位とされています。

金銭債権		1の債務者ごと
減価償却資産	A　建物	1棟ごと （区分所有権である場合、区分所有権ごと）
	B　機械及び装置	1の生産設備又は1台若しくは1基 （通常一組又は一式をもって取引の単位 とされるものにあっては、一組又は一式）
	C　その他の減価償却資産	A又はBに準じて区分
土地等		一筆ごと （一体として事業の用に供される一団の 土地等にあっては、その一団の土地等）
有価証券		その異なる銘柄ごと
その他の資産		通常の取引の単位を基準

（法規27の16の11、27の15①）

実務上のポイント（用語編）

通算加入直前事業年度	対象法人について通算承認の効力が生ずる日の前日の属するその対象法人の事業年度をいいます（法64の12①）。
評価益の額又は評価損の額	106ページ参照
一定の要件の全てに該当する場合	イ　従業者継続従事要件（法64の12①三イ） 　その法人の完全支配関係直前の従業者のうち、その総数のおおむね80％以上に相当する数の者がその業務（その法人との間に完全支配関係がある法人の業務を含みます。）に引き続き従事することが見込まれていること。 ロ　事業継続要件（法64の12①三ロ） 　その法人の完全支配関係直前の主要な事業がその法人（その法人との間に完全支配関係がある法人を含みます。）において引き続き行われることが見込まれていること。
共同で事業を行う一定の場合	次の全てに該当する場合をいいます（法令131の16④）。 イ　事業関連性要件（子法人事業と親法人事業とが相互に関連するものであること。） ロ　子法人事業と親法人事業（子法人事業と関連する事業に限ります。）の規模比5倍以内要件 ハ　従業者継続従事要件 ニ　事業継続要件
初年度離脱加入法人	他の内国法人でその親法人による完全支配関係を有することとなった日（加入時期の特例を受ける場合には同日の前日の属する特例決算期間の末日の翌日。）の属するその親法人の事業年度終了の日までに完全支配関係を有しなくなる法人（一定の要件があります。）をいいます（法令131の16①六）。

実務上のポイント（通達編）

2-53（通算法人が他の通算グループに加入する場合の資産に係る時価評価）

　通算親法人の発行済株式又は出資の全部が他の通算グループに属する通算法人に保有されることとなったことにより、当該通算親法人及びその通算子法人が当該他の通算グループに属する他の通算親法人との間に当該他の通算親法人による通算完全支配関係を有することとなった場合における当該通算親法人及び当該通算子法人が当該通算完全支配関係を有することとなった日の前日に有する資産については、法第64条の12第1項《通算制度への加入に伴う資産の時価評価損益》の規定及び法第64条の13第1項《通算制度からの離脱等に伴う資産の時価評価損益》の規定のいずれもが適用されるのであり、この場合には同項の規定を先に適用することに留意する。

（注）通算子法人の発行済株式又は出資の全部が当該他の通算グループに属する通算法人に保有されることとなったことにより、当該通算子法人が当該他の通算グループに属する他の通算親法人との間に当該他の通算親法人による通算完全支配関係を有することとなった場合の当該通算子法人及び当該通算子法人との間に当該通算子法人による完全支配関係がある通算法人が当該他の通算グループへの加入に係る最初通算事業年度開始の日の前日に有する資産についても、同様とする。

2-55（通算法人が他の通算グループに加入する場合の通算子法人株式の投資簿価修正と加入の時価評価の適用関係）

　2-53《通算法人が他の通算グループに加入する場合の資産に係る時価評価》の場合における当該通算親法人及び当該通算子法人の株式を有する通算法人が有する当該通算子法人の株式に係る法第64条の12第2項《通算制度への加入に伴う資産の時価評価損益》の規定の適用に当たっては、同項に規定する「その時の帳簿価額」は、令第119条の3第5項《移動平均法を適用する有価証券について評価換え等があった場合の一単位当たりの帳簿価額の算出の特例》の規定による計算をした後の金額となるのであるから留意する。

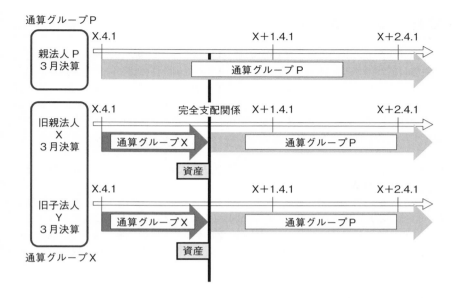

［グ通2－53の解説（ポイント）］

　上記のように通算グループXに属する法人がグループごと買収されたことにより通算グループPに属することとなった場合には、それらの法人は通算グループXを離脱すると同時に通算グループPに加入することになります。この場合、グループ通算制度では、「加入に伴う時価評価資産の時価評価（法64の12①）」と「離脱に伴う時価評価資産の時価評価（法64の13①）」の適用があること、そして、旧親法人Xと旧子法人Yでは、離脱に係る通算終了直前事業年度と加入に係る通算加入直前事業年度が重複することになりますが、その適用順序が離脱時時価評価が先であることが、本通達では明らかにされています。

［グ通2－55の解説（ポイント）］

　同じく上記のように、旧親法人Xと旧子法人Yが通算グループXを離脱すると同時に通算グループPに加入することになった場合には、通算親法人Xは、その有する通算子法人Yの株式について、同一の事業年度に「投資簿価修正（法令119の3⑤）」と「子法人株式の加入時時価評価（法64の12②）」を行う必要があります。この場合、通算親法人Xが子法人株式の加入時時価評価で用いるその通算子法人株式の帳簿価額は、投資簿価修正により加減算された後の帳簿価額となること、すなわち、通算親法人Xは、その有する通算子法人Yの株式の投資簿価修正の計算を先に行うことが、本通達では明らかにされています。

参考（国税庁通達）

2－47（通算制度の開始に伴う資産の時価評価損益に係る取扱いの準用）

　法第64条の12《通算制度への加入に伴う資産の時価評価損益》の規定の適用に当たっては、2－40《通算制度の開始に伴う時価評価資産等に係る時価の意義》、2－41《最初通算事業年度に離脱した法人の時価評価損益等》及び2－43《時価評価資産から除かれる資産の範囲》から2－45《時価評価時に時価評価資産から除かれる資産を判定する場合の資本金等の額》までの取扱いを準用する。

2－48（支配関係がある場合の時価評価除外法人となる要件に係る従業者の範囲及び主要な事業の判定）

　法第64条の12第1項第3号イ及びロ《通算制度への加入に伴う資産の時価評価損益》に掲げる要件に該当するかどうかの判定に当たっては、同号イに規定する「従業者」については基本通達1－4－4《従業者の範囲》の取扱いを、同号ロに規定する「主要な事業」については基本通達1－4－5《主要な事業の判定》の取扱いを、それぞれ準用する。

2－49（共同事業に係る要件の判定）

　法第64条の12第1項第4号《通算制度への加入に伴う資産の時価評価損益》に規定する「共同で事業を行う場合として政令で定める場合」に該当するかどうかの判定（以下2－50において「共同事業に係る要件の判定」という。）に当たっては、基本通達1－4－4《従業者の範囲》から1－4－7《特定役員の範囲》までの取扱いを準用する。

2－50（完全支配関係グループが通算グループに加入する場合のいずれかの主要な事業の意義）

　完全支配関係グループ（法人（通算グループに属する通算親法人との間に当該通算親法人による支配関係があるものを除く。以下2－50において同じ。）及び当該法人との間に当該法人による完全支配関係がある法人によって構成されたグループをいう。）が当該通算グループに加入する場合における令第131条の16第4項第1号《通算制度への加入に伴う資産の時価評価損益》に規定する「いずれかの主要な事業」とは、当該完全支配関係グループに属するいずれかの法人にとって主要な事業ではなく、当該完全支配関係グループにとって主要な事業であることをいうのであり、当該完全支配関係グループにとっての主要な事業が複数ある場合の共同事業に係る要件の判定に当たっては、そのいずれかの事業を同号に規定する子法人事業として同号に掲げる要件に該当するかどうかの判定を行うことに留意する。

※筆者加筆；グ通2－14参照（87ページ）

2－51（通算制度への再加入時の時価評価の要否）

　法人が、法第64条の10第5項又は第6項《通算制度の取りやめ等》の規定により通算承認の効力を失った後に、再度、当該通算承認に係る通算親法人との間に通算完全支配関係を有することとなった場合には、当該法人が当該通算承認の効力を失う前の通算開始直前事業年度又は通算加入直前事業年度（法第64条の12第1項《通算制度への加入に伴う資産の時価評価損益》に規定する通算加入直前事業年度をいう。以下2－52において同じ。）において法第64条の11第1項《通算制度の開始に伴う資産の時価評価損益》又は法第64条の12第1項の規定の適用を受けたかどうかにかかわらず、同項の規定の適用があることに留意する。

2－52（時価評価法人の時価評価すべき資産－通算制度への加入）

　法人が法第64条の9第12項《通算承認》に規定する完全支配関係を有することとなった日の前日の属する事業年度終了の時において、法第64条の12第1項《通算制度への加入に伴う資産の時価評価損益》に規定する時価評価資産（以下2－54までにおいて「時価評価資産」という。）を有しないが令第131条の13第3項第2号、第3号又は第4号《時価評価資産等の範囲》に掲げるものを有する場合には、通算加入直前事業年度終了の時において当該法人の有する時価評価資産につき法第64条の12第1項の規定の適用があることに留意する。

(注)　関連法人（法第64条の9第12項第1号に規定する時価評価法人が発行済株式又は出資を直接又は間接に保有する同条第2項に規定する他の内国法人をいい、同号に規定する時価評価法人に該当する法人を除く。）が通算加入直前事業年度終了の時において時価評価資産を有するときであっても、当該時価評価資産については法第64条の12第1項の規定の適用はない。

2－54（株式等保有法人が有する子法人の株式等の時価評価損益）

　法第64条の12第2項《通算制度への加入に伴う資産の時価評価損益》に規定する株式等保有法人（以下2－54において「株式等保有法人」という。）については、それぞれ次のことに留意する。

(1)　同項に規定する他の内国法人（以下2－54において「他の内国法人」という。）のその通算承認の効力が生じた日において既に通算承認を受けて通算法人となっている場合も、同項の規定の適用がある。

(2)　次に掲げる場合に該当する場合であっても、同項の規定の適用がある。

　　イ　他の内国法人が、その通算承認の効力が生じた日の前日において時価評価資産を有していない場合

　　ロ　当該株式等保有法人が、当該他の内国法人の通算承認の効力が生じた日の前日において、同条第1項各号に掲げる法人に該当する場合又は時価評価資産を有していない場合

参考（国税庁Q＆A）

Q 31　通算制度への加入に伴う時価評価を要しない法人
通算制度への加入に当たり、時価評価資産を有していても時価評価を要しない法人があるそうですが、具体的にはどのような法人が該当しますか。

A　通算法人がその通算法人に係る通算親法人による完全支配関係がある法人を設立した場合におけるその法人や、通算法人を株式交換等完全親法人とする適格株式交換等に係る株式交換等完全子法人などが、時価評価を要しない法人に該当します。

Q 34　通算制度加入直後に離脱した場合の時価評価
　S社は、X1年10月1日に通算親法人P社（3月決算）によりその発行済株式の全てを取得され、P社の通算グループに加入しましたが、X1年11月30日にP社がS社株式を通算グループ外の第三者に売却したため、P社の通算グループから離脱しました。S社は1,000万円以上の含み益のある土地を保有していますが、下記の事業年度においてその土地の時価評価を行う必要があるのでしょうか。
(1)　通算グループへの加入直前の事業年度
(2)　通算グループから離脱する直前の事業年度

A　(1)　通算グループへの加入直前の事業年度終了の時にS社が保有する土地は、時価評価資産には該当しませんので、時価評価をする必要はありません。
　(2)　通算グループから離脱する直前の事業年度において、S社は時価評価を要する法人から除かれるため、時価評価を行う必要はありません。

Q 37　通算制度離脱後に再加入した場合の時価評価
　通算制度の開始又は通算制度への加入に当たり時価評価資産の評価益又は評価損の計上を行った法人は、通算親法人による株式の売却などにより通算制度から離脱して加入制限期間の経過後に再度通算制度に加入する場合にも、時価評価資産の時価評価を行い、評価損益を計上する必要がありますか。

A　通算制度に再度加入する場合であっても、その加入の直前の事業年度終了の時に時価評価資産を保有しており、かつ、時価評価を要しない一定の法人に該当しないときは、時価評価資産の時価評価を行い、評価損益を計上する必要があります。

memo

9 離脱に伴う時価評価（法64条の13①）
～損失の2回控除を防ぐことが主眼～

要点

> ➤ 通算グループからの離脱等に該当する場合には、保有する一定の資産について時価評価を行い、評価損益を計上します。
> ➤ 連結納税制度においては、離脱に伴う時価評価課税の取扱いはありませんでした。

[概要]

《離脱等に伴う資産の時価評価》

　通算承認の効力を失う対象法人（134ページ）が、一定の適用要件（134ページ）に該当する場合には、その対象法人の**通算終了直前事業年度**終了の時に有する**時価評価資産**（135ページ）の**評価益の額又は評価損の額**は、その通算終了直前事業年度の益金の額又は損金の額に算入します（法64の13①）。

[キーワード]

通算終了直前
事業年度
（法64の13①）

評価益の額又
は評価損の額
（法64の13①）

参考法令等　法令131の17
　　　　　　　改正解説 P939、グループ概要 P 7

通算制度からの離脱等に伴う時価評価（イメージ）

　通算グループからの離脱時において、一定の場合には、資産の時価評価課税があります。

《評価益の額》

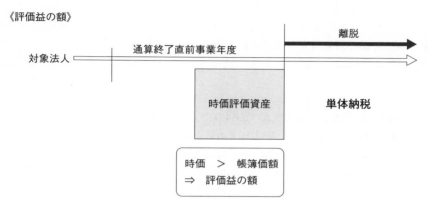

《評価損の額》

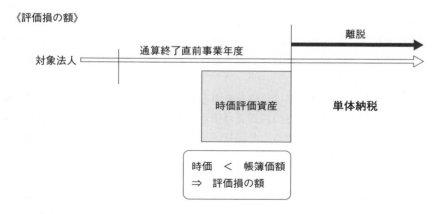

対象法人の範囲と適用要件

> ## 対象法人（法64の13①）
>
> 　通算承認の効力を失う通算法人
>
> 　ただし、その通算法人が通算子法人である場合には、次に掲げる法人（時価評価の対象外となる法人）を除きます。

※通算法人（62ページ）

時価評価の対象外となる法人（法64の13①カッコ書）

イ　**初年度離脱通算子法人**（損益通算の適用を受けない法人）

　（法令131の17①において準用する法令24の3）

ロ　他の通算法人を合併法人とする合併が行われたこと又はその通算法人の残余財産が確定したことに基因してその通算承認の効力を失うもの

適用要件（法64の13①各号）

　次のいずれかに該当する場合に時価評価の対象となります。

イ　対象法人の通算終了直前事業年度終了の時前に行う主要な事業がその対象法人であった内国法人において引き続き行われることが見込まれていないこと（法64の13①一）。

ロ　その対象法人の株式又は出資を有する他の通算法人において通算終了直前事業年度終了の時後にその株式又は出資の譲渡又は評価換えによる損失の額として一定の金額が生ずることが見込まれていること（イに該当する場合を除きます。）（法64の13①二）。

> ### Plus α
>
> 　「見込まれている」ことについて、通算法人が発行した株式の譲渡により通算グループから離脱し、その譲渡の日において通算承認が効力を失う場合も、譲渡が見込まれていることに該当することとされています（グ通2－57）。

時価評価資産の範囲

　時価評価資産とは、前ページの適用要件のイ又はロのいずれに該当するかに応じ、それぞれ次のとおりとなります。

Ⅰ　適用要件イに該当する場合

時価評価資産	評価損益の計上に適しない資産
固 定 資 産 **土地** （土地の上に存する権利を含み、固定資産を除きます。） **有 価 証 券** **金 銭 債 権** **繰 延 資 産**	・対象法人の通算終了直前事業年度終了の日の翌日の５年前の日以後に終了する各事業年度において所定の圧縮記帳等の適用を受けた減価償却資産 ・売買目的有価証券 ・償還有価証券 ・資産の帳簿価額が1,000万円に満たない場合のその資産（判定単位は124ページ） ・資産の価額とその帳簿価額との差額がその対象法人の資本金等の額の２分の１に相当する金額又は1,000万円のいずれか少ない金額に満たない場合のその資産 ・その対象法人との間に完全支配関係のある清算中の内国法人等の株式又は出資で、含み損のあるもの ・その対象法人の有する他の通算法人（通算親法人を除きます。）の株式又は出資

（法64の13①一、法令131の17③）

Ⅱ　適用要件ロに該当する場合

　この場合の時価評価資産とは、上記Ⅰの資産のうち、その通算終了直前事業年度終了の時における帳簿価額が10億円を超えるもので、その時後に譲渡、評価換え、貸倒れ、除却その他の事由が生ずることが見込まれているものをいいます（法64の13①二、法令131の17⑦）。

　そして「帳簿価額が10億円を超える」かどうかを判定する場合の帳簿価額は、資産を上記Ⅰの単位に区分した後のそれぞれの資産のこの制度を適用しないものとした場合における通算終了直前事業年度終了の時における帳簿価額となります（法令131の17⑥）。

離脱に伴う投資簿価修正

投資簿価修正の必要性

　通算子法人の稼得した利益に対する二重課税や通算子法人に生じた損失に対する二重控除の排除等の観点から必要とされています。

投資簿価修正の方法

　投資簿価修正は、通算法人が有する株式を発行した通算子法人（初年度離脱通算子法人を除きます。以下同じです。）について**通算終了事由**が生じた場合には、その通算子法人の株式の帳簿価額をその通算子法人の**簿価純資産価額**（次ページ）に相当する金額に修正を行うとともに（法令119の3⑤、119の4①）、自己の利益積立金額につきその修正により増減した帳簿価額に相当する金額の増加又は減少の調整を行います（法2十八、法令9六）。

　具体的には、通算子法人について通算終了事由が生じた場合におけるその株式の1単位当たりの帳簿価額は、その通算終了事由が生じた時の直前の帳簿価額に**簿価純資産不足額**（※1）を加算し、又はその直前の帳簿価額から**簿価純資産超過額**（※2）を減算した金額をその株式の数で除して計算した金額となります（法令119の3⑤）。

※1　簿価純資産不足額とは、その株式の帳簿価額が簿価純資産価額に満たない場合におけるその満たない部分の金額をいいます。
※2　簿価純資産超過額とは、その株式の帳簿価額が簿価純資産価額を超える場合におけるその超える部分の金額をいいます。

（具体的な計算等は、次のページ参照）

参考法令等　改正解説 P951

離脱に伴う投資簿価修正（計算イメージ）

[簿価純資産価額]（法令119の3⑤一〜三）

$$\left(\begin{array}{c}資産（※1）\\の帳簿価額\\の合計額\end{array} - \begin{array}{c}負債（※2）\\の帳簿価額\\の合計額\end{array}\right) \times \frac{その法人が有するその通算子法人の株式の数}{その通算子法人の発行済株式（※3）の総数}$$

※1　その通算子法人の通算承認の効力を失った日の前日の属する事業年度終了の時において有する資産

※2　その通算子法人の通算承認の効力を失った日の前日の属する事業年度終了の時において有する負債（新株予約権に係る義務を含みます。）

※3　その通算子法人の通算承認の効力を失う直前の発行済株式（その通算子法人が有する自己の株式を除きます。）

[事実関係]

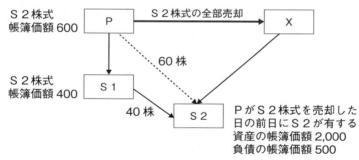

[投資簿価修正]

項　目	P	S1
S2株式の帳簿価額	600	400
S2に係る簿価純資産価額	$(2,000-500) \times (60 \div 100)$ =900	$(2,000-500) \times (40 \div 100)$ =600
簿価純資産不足額	900−600=300	600−400=200
投資簿価修正	S2株式300　／利益積立金額300	S2株式200　／利益積立金額200

実務上のポイント（用語編）

通算終了直前事業年度	通算承認の効力を失う日の前日の属する事業年度をいいます（法64の13①）。
評価益の額又は評価損の額	106ページ参照
初年度離脱通算子法人	通算子法人で通算親法人との間で通算完全支配関係を有することとなった日の属するその通算親法人の事業年度終了の日までにその通算完全支配関係を有しなくなるもの（注）をいいます（法令131の17①において準用する法令24の3）。

(注)　その通算完全支配関係を有することとなった日以後2月以内に次の事実（イ又はロ）が生ずることによりその通算完全支配関係を有しなくなるものに限ります。また、他の通算法人を合併法人とする合併又は残余財産の確定によりその通算完全支配関係を有しなくなるものを除きます。

イ　その通算子法人の合併又は破産手続開始の決定による解散（法64の10⑥五）

ロ　その通算子法人が通算親法人との間に通算完全支配関係を有しなくなったこと（法64の10⑥一から五までに掲げる事実に基因するものを除きます。）（法64の10⑥六）

通算終了事由	通算承認がその効力を失うことをいいます（法令119の3⑤）。

参考（国税庁通達）

➤国税庁通達

2−17（通算子法人の通算離脱の時価評価と通算子法人株式の投資簿価修正の順序）

　令第119条の３第５項《移動平均法を適用する有価証券について評価換え等があった場合の一単位当たりの帳簿価額の算出の特例》の規定の適用に当たっては、同項の規定の適用の対象となる株式を発行した他の通算法人が法第64条の13第１項《通算制度からの離脱等に伴う資産の時価評価損益》の規定の適用を受ける場合には、同項の規定が適用されたことに基因して令第131条の18第２項《時価評価資産に関する他の規定の不適用等》の規定等により増額又は減額がされた後の当該他の通算法人の資産及び負債（新株予約権に係る義務を含む。）の帳簿価額を基礎として当該株式の一単位当たりの帳簿価額の計算を行うのであるから留意する。

2−18（２以上の通算法人が通算子法人株式を有する場合の投資簿価修正の順序）

　通算終了事由が生じたことに伴い２以上の通算法人がその有する令第119条の３第５項《移動平均法を適用する有価証券について評価換え等があった場合の一単位当たりの帳簿価額の算出の特例》に規定する他の通算法人の株式につき同項の規定により一単位当たりの帳簿価額の計算を行うこととなる場合には、これらの通算法人のうち、通算親法人から連鎖する資本関係が最も下位であるものについてこれを行い、順次、その上位のものについてこれを行うことに留意する。

2−56（通算制度の開始に伴う資産の時価評価損益等に係る取扱いの準用）

　法第64条の13《通算制度からの離脱等に伴う資産の時価評価損益》の規定の適用に当たっては、2−40《通算制度の開始に伴う時価評価資産等に係る時価の意義》及び2−43《時価評価資産から除かれる資産の範囲》から2−45《時価評価時に時価評価資産から除かれる資産を判定する場合の資本金等の額》まで並びに2−48《支配関係がある場合の時価評価除外法人となる要件に係る従業者の範囲及び主要な事業の判定》の取扱いを準用する。

2−57（他の通算法人に株式等の譲渡等による損失が見込まれていることの意義）

　法第64条の13第１項第２号《通算制度からの離脱等に伴う資産の時価評価損益》の「当該株式又は出資の譲渡……による損失の額として政令で定める金額が生ずることが見込まれていること」には、例えば、通算法人の株式又は出資が通算グループ外の第三者に譲渡されたことにより当該通算法人が当該通算グループから離脱する場合における同号の他の通算法人に当該株式又は出資の譲渡による損失が生ずることもこれに該当する。

参考（国税庁Q＆A）

Ｑ51　投資簿価修正の概要
通算制度における、いわゆる「投資簿価修正」とはどのようなものでしょうか。

Ａ　投資簿価修正は、通算子法人の稼得した利益に対する二重課税や、通算子法人に生じた損失に対する二重控除の排除等の観点から通算法人が有する株式を発行した一定の通算子法人について通算制度の承認がその効力を失う場合に、その通算子法人の株式の帳簿価額をその通算子法人の簿価純資産価額に相当する金額に修正を行うとともに、自己の利益積立金額につきその修正により増減した帳簿価額に相当する金額の増加又は減少の調整を行うものです。

Ｑ52　複数の株主がいる場合の通算子法人株式の投資簿価修正の計算について
通算親法人Ｐ社（３月決算）の通算グループの通算子法人Ｓ１社及び通算子法人Ｓ２社は、同一の通算グループの通算子法人Ｓ３社（発行済株式の総数は100、初年度離脱通算子法人には該当しません。）の発行済株式を保有（Ｓ１社：70株、Ｓ２社：30株）していますが、Ｘ１年４月１日にＳ１社はその有するＳ３社の株式の全てを通算グループ外のＡ社に譲渡しました。
(1)　この場合、どの法人がいわゆる投資簿価修正を行うこととなりますか。
(2)　また、その場合に投資簿価修正はどのように計算することとなりますか。なお、Ｓ１社及びＳ２社が有するＳ３社の株式の帳簿価額は、それぞれ650及び400、Ｓ１社がＳ３社の株式を譲渡した日の前日にＳ３社が有する資産の帳簿価額の合計額は1,500、負債の帳簿価額の合計額は500とします。

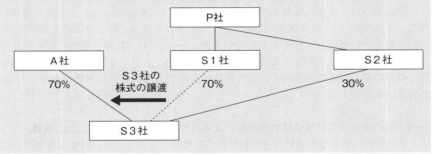

Ａ
(1)　Ｓ１社及びＳ２社が投資簿価修正を行うこととなります。
(2)　この投資簿価修正により、Ｓ１社及びＳ２社が有するＳ３社の株式の帳簿価額（Ｓ１社：650、Ｓ２社：400）について、それぞれ700及び300に修正を行うこととなります。また、利益積立金額について、Ｓ１社は50増加させ、Ｓ２社は100減少させる調整を行うこととなります。

報告書 P19

　例えば、新制度適用後の企業グループから、含み損のある資産を有する法人が離脱する場合、その企業グループ内に残る法人においては、離脱する法人の株式を売却することによる譲渡損を計上することができ、また、離脱した法人は離脱後にその資産の含み損（譲渡損）を実現させ、自己の所得から控除することができる。

　組織再編税制においては、法人が含み損益のある資産を現物出資して株式を取得する場合に、事業の継続の見込み等の要件を満たさなければ、その現物出資を非適格とすることによって、資産の含み損益をそのままにして同額の含み損益をもった株式が作出されることが防がれている。そこで、組織再編税制との整合性を図りつつ、損失の2回控除を防ぐため、新制度適用後の企業グループから離脱する法人が、その行う事業について継続の見込みがないなどの場合には、離脱時にその法人の資産を時価評価させることとし、その評価損益を投資簿価修正の対象とするなどの方法により対処することが適当と考えられる。

　同様の問題は、含み損のある資産を有する子法人の株式を有するグループ内法人が、その子法人の株式について、評価損を計上し、又はグループ内譲渡（非適格組織再編成を含む。）を2回行って譲渡損を計上し、その後その子法人がその資産の含み損を実現させる場合にも生ずる。したがって、企業グループから子法人が離脱せずに子法人株式と資産の損失をそれぞれ計上する方法による損失の2回控除についても、これを防ぐ方策を検討する必要がある。

　なお、子法人の株式について、資産として認識すべきかといった観点からも検討が必要であるとの意見もあった。

10 特定資産譲渡等損失額の 損金不算入（法64条の14）
～開始・加入前の資産の含み損への措置～

要点

➤ 支配関係発生日以後に新たな事業を開始したときは、支配関係発生前から有する資産の譲渡等損失額は損金算入できません。

［概要］

時価評価除外法人が、

ⅰ）「通算承認の効力が生じた日の5年前の日」又は「その時価評価除外法人の設立の日」のいずれか遅い日からその通算承認の効力が生じた日まで**継続して支配関係がある場合**に該当しない場合で、かつ、

ⅱ）　通算承認の効力が生じた後にその**時価評価除外法人**と他の通算法人とが**共同で事業を行う一定の場合**に該当しない場合において、

ⅲ）　その時価評価除外法人が**支配関係発生日**以後に新たな事業を開始したときは、

その時価評価除外法人の**適用期間**（次ページ）において生ずる**特定資産譲渡等損失額**は、その時価評価除外法人の損金の額に算入することはできません（法64の14①）。

（判定ケースは、次ページ参照）

［キーワード］

継続して支配
関係がある場
合
（法令131の19①）

時価評価除外
法人
（法64の14①）

共同で事業を
行う一定の場
合
（法令131の19②）

支配関係発生
日
（法64の14①）

特定資産譲渡
等損失額
（法64の14②）

参考法令等　法令131の19①②
改正解説 P922

制度の概要（判定ケース）

[前ページ i から iii の要件]
—支配関係発生日以後・通算承認日の属する事業年度以前に新たな事業を開始した場合—

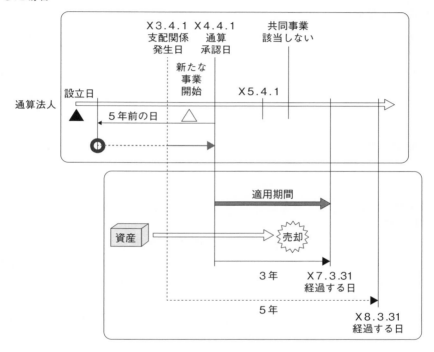

[適用期間の判定]

i)　『通算承認の効力が生じた日（**X4.4.1**）』と『その新たな事業を開始した日の属する事業年度開始の日（**X3.4.1**）』のいずれか遅い日（**X4.4.1**）から

ii)　『その効力が生じた日以後3年を経過する日（**X7.3.31**）』と『支配関係発生日以後5年を経過する日（**X8.3.31**）』のいずれか早い日（**X7.3.31**）までの期間

※　適用期間は **X4.4.1** から **X7.3.31** までの期間となります。

実務上のポイント（用語編）

継続して支配関係がある場合	84ページ参照（法令131の19①において準用する法令131の8①）
時価評価除外法人	15ページ参照
共同で事業を行う一定の場合	84ページ参照（法令131の19②において準用する法令112の2④）
支配関係発生日	85ページ参照
特定資産譲渡等損失額	イの金額からロの金額を控除した金額をいいます（法64の14②）。 イ　通算法人が有する資産で支配関係発生日の属する事業年度開始の日前から有していたもの（以下「特定資産」といいます。）の譲渡、評価換え、貸倒れ、除却その他の事由による損失の額として一定の金額の合計額 ロ　特定資産の譲渡、評価換えその他の事由による利益の額として一定の金額の合計額 ※　特定資産譲渡等損失額の細目として、特定資産から除かれる資産や含まれる資産などの規定がありますのでご確認ください。 （法令131の19③において準用する法令123の8②一～五） （法令131の19③において準用する法令123の8③）

参考（国税庁通達）

2－58（特定資産に係る譲渡等損失額の損金不算入の取扱いの準用）

法第64条の14《特定資産に係る譲渡等損失額の損金不算入》の規定の適用に当たっては、基本通達12の2－2－3《圧縮記帳を適用している資産に係る帳簿価額又は取得価額》、12の2－2－4《資産の評価損の損金算入の規定の適用がある場合の帳簿価額》及び12の2－2－6《新たな資産の取得とされる資本的支出がある場合の帳簿価額又は取得価額》の取扱いを準用する。

2－59（共同事業に係る要件の判定）

法第64条の14第1項《特定資産に係る譲渡等損失額の損金不算入》に規定する「共同で事業を行う場合として政令で定める場合」に該当するかどうかの判定に当たっては、基本通達1－4－4《従業者の範囲》から1－4－7《特定役員の範囲》までの取扱いを準用する。

2－60（最後に支配関係を有することとなった日の意義等に係る欠損金の繰越しの取扱いの準用）

次に掲げる用語の意義については、それぞれ次に掲げる通達の取扱いを準用する。

⑴　法第64条の14第1項《特定資産に係る譲渡等損失額の損金不算入》並びに令第131条の19第1項《特定資産に係る譲渡等損失額の損金不算入》において準用する令第131条の8第1項第2号イ及びロ《損益通算の対象となる欠損金額の特例》に規定する「最後に支配関係を有することとなつた日」　2－13《最後に支配関係を有することとなった日の意義》

⑵　令第131条の19第2項において準用する令第112条の2第4項第1号《通算完全支配関係に準ずる関係等》に規定する「いずれかの主要な事業」　2－14《完全支配関係グループが通算グループに加入する場合のいずれかの主要な事業の意義》

⑶　法第64条の14第1項に規定する「新たな事業を開始した」　2－15《新たな事業の開始の意義》

11 税効果相当額の授受(法26条④・38③)
～通算税効果額の益金・損金不算入～

要点

> ➤ 通算法人が他の通算法人との間で授受する通算税効果額は、益金の額及び損金の額に算入されません。
> ➤ 通算税効果額は、合理的に計算することになります。

[概要]

《通算税効果額の益金不算入》

　内国法人が他の内国法人から当該他の内国法人の**通算税効果額**を受け取る場合には、その内国法人は、受け取る金額を益金の額に算入することはできません（法26④）。

《通算税効果額の損金不算入》

　他の内国法人が内国法人にその内国法人の**通算税効果額**を支払う場合には、その他の内国法人は、支払う金額を損金の額に算入することはできません（法38③）。

（計算イメージは、次ページ参照）

補足メモ✎

> この金額について実際に資金の清算を行うかは任意です。
> この金額の具体的な計算方法は規定されていません。

[キーワード]

通算税効果額
(法26④、38③)

参考法令等　改正解説 P963

通算税効果額の授受（計算イメージ）

　通算税効果額とは、損益通算（58ページ）と欠損金の通算（92ページ）その他通算法人（通算法人であった法人を含みます。以下このページにおいて同じです。）のみに適用される規定を適用することにより減少する法人税及び地方法人税の額に相当する金額として通算法人と他の通算法人との間で授受される金額をいいます。

	通算親法人	通算子法人	通算子法人
通算前所得金額	3,000	9,000	－
通算前欠損金額	－	－	10,000
【損益通算】 損金算入額 又は 益金算入額	10,000 ×（3,000/12,000） 2,500 （損金算入）	10,000 ×（9,000/12,000） 7,500 （損金算入）	10,000 ×（10,000/10,000） 10,000 （益金算入）
損益通算後の 所得金額	500	1,500	0
（法人税率19%） 法人税額 （※3）	95	285	0
通算税効果額 の授受	475（※1） （支払）	1,425（※2） （支払）	1,900 （受領）

※1　（3,000－500）×19％＝475
※2　（9,000－1,500）×19％＝1,425
※3　地方法人税は省略。

損金不算入　　　益金不算入

参考（国税庁Q＆A）

Q 50　通算税効果額の計算方法

　次のケース1及びケース2の場合に、通算税効果額はそれぞれどのように計算しますか。

（ケース1）

　同一の通算グループ内の法人であるA社、B社及びC社において、次のとおり損益通算及び試験研究費の総額に係る税額控除が行われた場合

	A社	B社	C社	合計
通算前所得	780	1,800	▲1,720	
損益通算	▲520	▲1,200	1,720	
損益通算後所得	260	600	0	
調整前法人税額	60	140	0	
試験研究費の額	400	0	200	600
税額控除額	15	35	―	50

（ケース2）

　同一の通算グループ内の法人であるP社、S1社及びS2社において、次のとおり欠損金の通算が行われた場合

	P社	S1社	S2社	合計
特定欠損金額以外の欠損金額	150	70	300	520
被配賦欠損金額	136	―	―	136
配賦欠損金額	―	70	66	136
非特定欠損金額	286	0	234	520
非特定損金算入割合	190/520			
非特定欠損金額の損金算入額	104	0	86	190

A　通算税効果額は、合理的に計算することになります。ケース1及び2の場合に授受される通算税効果額について、合理的と考えられる一例が「国税庁ホームページ」に掲載されています。

　アドレス「http://www.nta.go.jp/law/joho-zeikaishaku/hojin/group_faq/50.htm」

（4月20日訪問）

memo

12 連結納税制度との比較

連結納税制度	グループ通算制度
損益通算（遮断措置・全体再計算等を含みます。）	
損益通算　可 連結所得を連結グループ全体で算出。	損益通算　可 所得法人と欠損法人との間で相殺処理。 欠損法人の欠損金をプロラタ方式で有所得法人へ配分（58ページ）。
遮断措置と全体再計算　無	遮断措置　有 損益通算後に他の通算法人に修更正が生じても、全体再計算の要件に該当しなければ、損益通算による損金（益金）算入額には影響なし（68、72ページ）。
欠損金（切捨て等・通算と遮断措置）	
連結欠損金は連結グループ一体で利用。	時価評価法人の通算開始・加入前の欠損金など持込制限あり（切捨て）（78ページ）。
親法人の繰越欠損金は持込（非特定連結欠損金）。 子法人の繰越欠損金は一定のものを除き、切捨て。	繰越控除額（損金算入額）は、特定欠損金額の損金算入額と非特定欠損金額の損金算入額の合計額となります（92ページ）。
遮断措置と全体再計算　無	遮断措置と全体再計算　有（99ページ）

連結納税制度	グループ通算制度
資産の時価評価（開始・加入・離脱）	
開始・加入時の時価評価　有	開始・加入時の時価評価　有（106、120ページ）
ただし、親法人は対象外。	対象法人は、親法人と子法人
子法人は、一定の要件に該当すれば、時価評価不要。	ただし、親法人による完全支配関係の継続が見込まれる法人（親法人を含む。）を除く。 開始・加入前の資産の含み損について特定資産譲渡等損失額の損金不算入等の措置あり（142ページ）。
離脱時の時価評価　無	離脱時の時価評価　有（132ページ）
税効果相当額の授受	
連結法人間で授受される個別帰属額の益金不算入・損金不算入	通算税効果額（通算法人間で損益通算等により減少する法人税相当額として授受した金額）の益金不算入・損金不算入（146ページ）

Part Ⅲ

連結納税制度の見直し-3

Part Ⅲでは、申告書の作成・提出における基本的な事項である税額の計算や申告手続について図表を用いることによって理解を容易にし、更に理解を深めるために具体的な計算事例などを交えながら解説を行っています。

1　法人税率(法66条、措法42条の３の２ほか)
～軽減対象所得金額の遮断措置あり～

要点

➢ 通算法人の法人税率は、通算法人ごとに適用されます。
➢ 年所得800万円を通算グループ内の全ての中小通算法人で配分します。

[概要]

《通算法人の適用税率》

　通算法人の法人税率は、各通算法人の区分に応じた税率が適用されます（法66、措法42の３の２、67の２、68）。

区　分		税　率	
			年所得800万円以下の部分
イ	中小法人以外の普通法人	23.2%	－
ロ	中小法人、一般社団法人等及び人格のない社団等	23.2%	19%(15%)
ハ	公益法人等、協同組合等及び特定の医療法人	19%	(15%)
ニ	特定の協同組合等の特別税率	22%	

（注）カッコ内は、措置法の中小企業者等の法人税率の特例（措法42の３の２）による税率で、平成24年４月１日から令和３年３月31日までの間に開始する各事業年度について適用されます。

《中小通算法人の軽減対象所得金額》

　通算法人が**中小通算法人**に該当する場合には、各事業年度の所得の金額のうち**軽減対象所得金額**以下の金額について、19%の軽減税率が適用されます。

（具体的な内容は、次ページ参照）

参考法令等　　改正解説 P968、グループ概要 P６

[キーワード]

中小通算法人
(法66⑥)

軽減対象所得金額の計算 (イメージ)

軽減対象所得金額とは、中小通算法人（158ページ）の各事業年度の所得の金額のうち19%の軽減税率が適用される所得の金額をいい、次の算式により計算した金額となります（法66⑦）。

【算式】

$$800万円 \times \frac{その中小通算法人の所得の金額}{各中小通算法人の所得の金額の合計額}$$

このように、各中小通算法人の軽減対象所得金額は、年所得800万円を通算グループ内の全ての中小通算法人の所得の金額の比で按分した金額となります。

例えば、通算グループ内の法人が全て中小通算法人である場合

(単位：万円)

	通算親法人 P	通算子法人 S1	通算子法人 S2	計
所得金額	2,000	1,000	1,000	4,000

《軽減対象所得金額の計算》
P ： 800万円 × 2,000/4,000 = 400万円
S1 ： 800万円 × 1,000/4,000 = 200万円
S2 ： 800万円 × 1,000/4,000 = 200万円

《税額の計算》
P ： 400万円 × 19% + （2,000−400）×23.2% = 4,472,000円
S1 ： 200万円 × 19% + （1,000−200）×23.2% = 2,236,000円
S2 ： 200万円 × 19% + （1,000−200）×23.2% = 2,236,000円

Plus α

【通算親法人の事業年度が１年に満たない場合の取扱い】
通算グループ内の全ての中小通算法人の軽減対象所得金額が「800万円の月数按分額」を通算グループの所得金額の比で按分した金額となります。
【通算子法人が事業年度の中途で離脱した場合の取扱い】
通算子法人のその離脱日の前日に終了する事業年度は、軽減対象所得金額が「800万円の月数按分額」となり、他の通算子法人との間で配分することにはなりません。

軽減対象所得金額の遮断措置

　中小通算法人の軽減対象所得金額の計算を適用する場合（前ページ）において、その計算における所得の金額が、中小通算法人の**当初申告所得金額**（※）と異なるときは、その当初申告所得金額をその所得の金額とみなして、軽減対象所得金額を計算します（法66⑧）。
※　法人税法第74条第1項の期限内申告書に記載された所得の金額をいいます。

> これにより軽減対象所得金額が固定され、修更正の影響が遮断されることになります。

当初申告　　　　　　　　　　　　　　　　　　　　　（単位：万円）

	通算親法人 P	通算子法人 S1	通算子法人 S2
所得金額	4,000	2,000	2,000
軽減対象所得金額の計算	800×4,000/8,000	800×2,000/8,000	800×2,000/8,000
軽減対象所得金額	400	200	200

➡ S2の所得が2,000万円増加したとしても、遮断措置の不適用の要件（次ページ）に該当しないかぎり、軽減対象所得金額について再計算しないことになります。
　例えば、通算親法人 P の軽減対象所得金額について、
　　800×4,000／10,000（修正後）＝320
　との再計算は行いません。

軽減対象所得金額の全体再計算

　次のいずれかに該当する修更正がされた通算事業年度については、中小通算法人（158ページ）の各事業年度については、遮断措置は適用されません（法66⑨）。

イ　遮断措置を適用しないものとした場合における155ページの算式の分母の金額が800万円以下である場合

　（注）　通算親法人の事業年度が1年に満たない場合におけるその通算親法人及び他の通算法人に対する適用については、「800万円」を「800万円を12で除し、その中小通算法人に係る通算親法人の事業年度の月数を乗じて計算した金額」として適用します（法66⑪）。

ロ　法人税法第64条の5第6項の適用がある場合

　（注）　損益通算の全体再計算（72ページ）になります。

ハ　法人税法第64条の5第8項の適用がある場合

　（注）　いわゆる不当性要件の全体再計算（76ページ）になります。

　すなわち、修更正後の各中小通算法人の所得の金額により、グループ全体で軽減対象所得金額の再計算を行うこととなります。

当初申告　　　　　　　　　　　　　　　　　　　　（単位：万円）

	通算親法人 P	通算子法人 S1	通算子法人 S2
所得金額	300	100	100
軽減対象所得金額の計算	（480） 800×300/500	（160） 800×100/500	（160） 800×100/500
軽減対象所得金額（所得金額を限度）	300	100	100

「軽減対象所得金額の計算」欄のカッコ書の数値は、その算式に基づき計算された値です。

修更正：S2の所得が100増加

軽減対象所得金額の全体再計算	（400） 800×300/**600**	（133） 800×100/**600**	（267） 800×**200**/**600**
軽減対象所得金額	300	100	**200**

実務上のポイント（用語編）

中小通算法人　　　大通算法人（注）以外の普通法人である通算法人をいいま
す（法66⑥）。

（注）　大通算法人とは、通算法人である普通法人又はその普通法
人との間に通算完全支配関係がある他の内国法人のうち、い
ずれかの法人が次の法人に該当する場合におけるその普通法
人をいいます（法66⑥カッコ書、グ通2－61）。
1　各事業年度終了の時における資本金の額又は出資金の額
が1億円を超える法人
2　各事業年度終了の時において次の法人に該当する法人
イ　相互会社
ロ　大法人（資本金の額等が5億円以上である法人、相互
会社、外国相互会社及び法人課税信託に係る受託法人を
いいます。）による完全支配関係がある普通法人
ハ　普通法人との間に完全支配関係がある全ての大法人が
有する株式又は出資の全部をその全ての大法人のうちい
ずれか一の法人が有するものとみなした場合においてそ
のいずれか一の法人とその普通法人との間にそのいずれ
か一の法人による完全支配関係があることとなるときの
その普通法人
ニ　法人課税信託に係る受託法人

補足メモ✎

大通算法人の判定
　大通算法人の判定時点において、大通算法人に該当する法人が通算グル
ープ内に1社でもいる場合には、そのグループ内の通算法人の全てが大通
算法人に該当することとなります。

実務上のポイント（通達編）

2-61（大通算法人であるかどうかの判定の時期）
　法第66条第6項《各事業年度の所得に対する法人税の税率》に規定する大通算法人に該当するかどうかの判定（以下2-61において「大通算法人判定」という。）は、当該通算法人及び他の通算法人（当該通算法人の同項の規定の適用を受けようとする事業年度（以下2-61において「適用事業年度」という。）終了の日において当該通算法人との間に通算完全支配関係がある法人に限る。）の適用事業年度終了の時の現況によるのであるが、通算親法人の事業年度の中途において通算承認の効力を失った通算法人のその効力を失った日の前日に終了する事業年度の大通算法人判定についても、同様とする。

［解説（ポイント）］

本通達について、分かりやすくイメージ化すると、次のとおりになります。

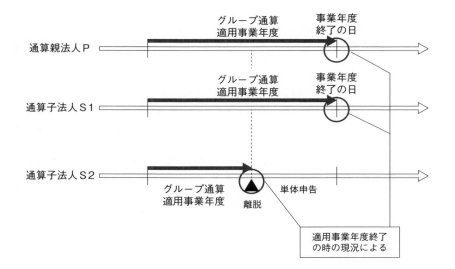

参考（国税庁通達及びQ＆A）

➤国税庁通達

2－62（中小通算法人の年800万円以下の軽減対象所得金額の端数計算）

　法第66条第6項《各事業年度の所得に対する法人税の税率》に規定する中小通算法人（以下2－62において「中小通算法人」という。）の次に掲げる金額に1,000円未満の端数が生じた場合の当該端数の取扱いについては、それぞれ基本通達16－4－1《法人の年800万円以下の所得金額の端数計算》の例による。
(1)　同条第7項の規定を適用する場合における同項に規定する「800万円に第1号に掲げる金額が第2号に掲げる金額のうちに占める割合を乗じて計算した金額」
(2)　それぞれ次に掲げる金額
　　イ　中小通算法人が通算子法人である場合において同条第6項の各事業年度終了の日が当該中小通算法人に係る通算親法人の事業年度終了の日でないときにおける同条第7項に規定する「800万円を12で除し、これに当該中小通算法人の事業年度の月数を乗じて計算した金額」
　　ロ　通算親法人の事業年度が1年に満たない場合における当該通算親法人及び他の通算法人に対して同条第11項の規定により読み替えて適用する同条第7項に規定する「800万円を12で除し、これに同項の中小通算法人に係る通算親法人の事業年度の月数を乗じて計算した金額に第1号に掲げる金額が第2号に掲げる金額のうちに占める割合を乗じて計算した金額」
(注)　当該中小通算法人及び他の中小通算法人の本文の取扱いを適用した後の(1)に掲げる金額の合計額が800万円を超える場合には、当該合計額が800万円を超えないこととなるまで、当該中小通算法人及び他の中小通算法人のうち切捨超過額（基本通達16－4－1のただし書の「当該切り捨てられる端数の金額」が「当該事業年度の所得金額について切り捨てられる金額」を超える場合の当該超える部分の金額をいう。）が最も少ないものから順次、同通達のただし書を適用しない。
　　当該中小通算法人及び他の中小通算法人の本文の取扱いを適用した後の(2)ロに掲げる金額の合計額が(2)ロの「800万円を12で除し、これに同項の中小通算法人に係る通算親法人の事業年度の月数を乗じて計算した金額」を超える場合においても、同様とする。

➤国税庁Q＆A

Q 61　通算法人の法人税の税率
通算法人に適用される法人税の税率はどのようになっていますか。

A 普通法人である通算法人は23.2％、協同組合等である通算法人は19％の税率が適

用されます。また、中小通算法人の所得金額のうち軽減対象所得金額以下の金額は19％の税率が適用されます。

2　留保金課税（法67条）
～特定同族会社の特別税率～

> ➤ グループ通算制度では、単体納税制度と同様に、各通算法人で計算を行います。
> ➤ 通算親法人が通算グループ外へ配当をした場合には、所要の調整計算を行う必要があります。

［概要］

　内国法人である**特定同族会社**の各事業年度の留保金額が留保控除額を超える場合には、その超える部分の金額に応じて通常の法人税とは別に10％から20％までの特別税率に基づき計算をした法人税（留保税額）が課されます（法67①）。

　グループ通算制度では、この留保金課税の計算について通算法人ごとに行うことになりますが、通算親法人が通算グループ外へ配当をした場合には、その原資を負担しているのが実質的には通算子法人である場合が考えられますので、その計算において所要の調整を行うこととされています（法67③ほか）。

（具体的な内容は、次ページ参照）

［キーワード］

特定同族会社
（法67①）

参考法令等　法令139の8、139の9
　　　　　　　改正解説 P970

グループ通算制度における留保課税の計算

【前提事実】

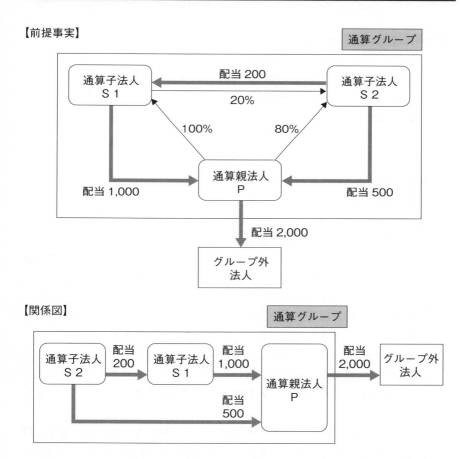

【関係図】

　このように、通算親法人Pはグループ外法人に対して2,000の配当等を行っていますが、その一方で、通算子法人S1やS2から合計1,500の配当等を受けておりますので、その1,500が2,000の原資になっているとも考えられ、この点を踏まえ、グループ通算制度における留保金課税の計算においては、所要の調整を行うこととされています。

　次ページにおいて、具体的な調整内容について説明します。

法人税別表　別表三(一)、三(一) 付表1、三(一) 付表2

グループ通算制度における留保金課税の計算（調整内容）

【特定同族会社の留保金課税の計算方法】（法67条）

【主な調整内容】

1　留保金額の計算上の所得等の金額

損益通算**後**の所得の金額となります（**法67③一**）。

2　他の通算法人から受ける配当等の額

配当等の額で益金不算入となったもの（法23①）のうち、他の通算法人から受ける配当等の額に係る金額は、**留保金額に加算しません**（**法67③二**）。

また、配当等の額で益金の額に算入された金額のうち、他の通算法人から受ける配当等の額に係る金額は、留保金額から控除します（法令139の8①）。

3　通算法人のした配当等として留保金額から控除される金額

通算法人が配当等をし又は通算法人にみなし配当の基因となる事由が生じた場合には、これらの通算法人における留保金額は、**通算外配当等流出額及び通算内配当等の額**を加算し、**通算外配当等流出配賦額**を減算した金額となります（法令139の8②③）。

※　これが前ページで説明しました**通算グループ外の者に対する配当等の額をその原資を負担した法人に分配して留保金額から控除する趣旨の調整計算であるとされております。**

4　留保控除額のうち所得基準額で用いる所得等の金額

損益通算**前**の所得の金額になります（**法67⑤一**）。

グループ通算における特定同族会社の範囲

特定同族会社（法67①）

　被支配会社で、被支配会社であることについての判定の基礎となった株主等のうちに被支配会社でない法人がある場合、その法人をその判定の基礎となる株主等から除外して判定するものとした場合においても被支配会社となるものをいいます。

　ただし、<u>次の法人</u>を除きます。

特定同族会社から除かれる法人

清算中のもの
資本金の額又は出資金の額が１億円以下であるもの※

※　グループ通算制度においては、通算法人が、資本金の額又は出資金の額が１億円以下である場合でも、大通算法人（158ページ）に該当するものは、特定同族会社に該当します（法67①）。

実務上のポイント（用語編）

通算外配当等流出額

　通算法人がした配当等により減少した利益積立金額及びその通算法人について生じたみなし配当の基因となる事由（剰余金の配当又は利益の配当に該当するものを除きます。）により減少した利益積立金額の合計額のうち、その基準日等又はその通算法人の事業年度（その通算法人に係る通算親法人の事業年度終了の日に終了するものに限ります。）終了の日においてその通算法人との間に通算完全支配関係がない者に対して交付した金銭その他の資産に係る部分の金額をいいます（法令139の8③一）。

通算内配当等の額

　通算法人がした配当等（非適格分割型分割、非適格株式分配又は資本の払戻し等（法24①二～四）に基因する金銭その他の資産の交付に該当するものを除きます。）により減少した利益積立金額及びその通算法人について生じた資本の払戻し又は自己株式等の取得等（法24①四～七）により減少した利益積立金額の合計額のうち、その基準日等及びその通算法人の事業年度（その通算法人に係る通算親法人の事業年度終了の日に終了するものに限ります。）終了の日においてその通算法人との間に通算完全支配関係がある他の通算法人に対して交付した金銭その他の資産に係る部分の金額をいいます（法令139の8③二）。

通算外配当等流出配賦額

　通算外配当等流出配賦額とは、イ×（ロ／ハ）＋ニの金額をいいます（法令139の8③三）。

イ　各通算法人（上記の通算法人及びその通算法人との間に事業年度終了の日において通算完全支配関係がある他の通算法人（以下、この説明において「他の通算法人」といいます。）に限ります。以下同じです。）の通算外配当等流出額のうち各通算法人が発行済株式又は出資を有する他の通算法人の通算内配当等の額（各通算法人が交付を受けた金銭その他の資産に係る部分の金額に限るも

のとし、各通算法人の通算内配当等の額がある場合には
その通算内配当等の額を控除した金額とします。）に達す
るまでの金額の合計額
ロ　上記の通算法人の純通算内配当等の額（通算法人の通
算内配当等の額からその通算法人が発行済株式又は出資
を有する他の通算法人の通算内配当等の額（その通算法
人が交付を受けた金銭その他の資産に係る部分の金額に
限ります。）を控除した金額をいいます。
ハ　各通算法人の純通算内配当等の額の合計額
ニ　上記の通算法人の通算外配当等流出額のうちその通算
法人が発行済株式又は出資を有する他の通算法人の通算
内配当等の額（その通算法人が交付を受けた金銭その他
の資産に係る部分の金額に限るものとし、その通算法人
の通算内配当等の額がある場合にはその通算内配当等の
額を控除した金額とします。）を超える部分の金額

被支配会社

　会社（投資法人を含みます。）の株主等（その会社が自己
の株式又は出資を有する場合のその会社を除きます。）の1
人並びにこれと特殊の関係のある個人及び法人がその会社
の発行済株式等（その会社が有する自己の株式等を除きま
す。）の総数等の50％を超える数等の株式等を有する場合に
おけるその会社をいいます（法67②）。

報告書 P31

　特定同族会社の特別税率については、次のように記載されています。
　「現行制度では、課税留保金額は連結グループで計算することとされてい
るが、留保金額は所得等の金額に基づき計算するため、個別申告方式を前
提とすると、調整計算を行う必要性が低いと考えられる。
　なお、留保控除額は、所得基準、定額基準（2,000万円）、積立金基準
の最も多い額とされているが、定額基準の2,000万円を複数回利用するた
めに分社化することは考えづらいことから、各法人がそれぞれ利用したと
しても問題ないと考えられる。」

3 所得税額控除（法68条）
～法人が支払った所得税の取扱い～

要点

➢ グループ通算制度では、連結納税制度と異なり、簡便法についても通算法人ごとに計算します。
➢ 原則法において配当等の元本を移転をした通算法人の所有期間が引き継がれます。

[概要]

　法人が、**利子及び配当等**の支払を受ける場合には、その利子及び配当等につき所得税法等の規定により源泉徴収される所得税及び復興特別所得税の額（以下「所得税等の額」）は、法人税の額から控除することができます（法68①）。

《所有期間に対応する所得税額控除》

　法人が受ける利子及び配当等などに係る所得税等の額の金額が、原則として税額控除の対象となります。ただし、一定の配当等に係る所得税等の額については、元本の所有期間に対応する部分の額のみが対象となります。

《所有期間対応分の計算》

　一定の配当等に係る元本を所有していた期間に対応する部分の所得税等の額の計算方法には、**原則法**と**簡便法**とがあり、事業年度ごとにいずれかを選択することができます。

　グループ通算制度では、簡便法の計算方法や原則法における元本の所有期間についてこれまでの取扱いから見直しが行われています。

（具体的な内容は、次ページ参照）

[キーワード]

利子及び配当等
（法68①）

原則法
（法令140の2②）

簡便法
（法令140の2③）

参考法令等　法令140の2、155の26
改正解説 P979

グループ通算制度における簡便法

連結納税制度

連結法人 P	A 株式	B 株式	C 受益権
連結法人 S 1	A 株式	B 株式	
連結法人 S 2		B 株式	

連結グループ全体として、銘柄ごとに控除する所得税額を計算します（法令155の26③）。

見直し

グループ通算制度

通算法人 P	A 株式	B 株式	C 受益権
通算法人 S 1	A 株式	B 株式	
通算法人 S 2		B 株式	

通算法人ごとに、銘柄ごとに控除する所得税額を計算します（法令140の2③）。

※　単体納税制度では、グループ通算制度と同様の取扱いとなっています（法令140の2③）。

法人税別表　別表六（一）

原則法における元本の所有期間の引継ぎ

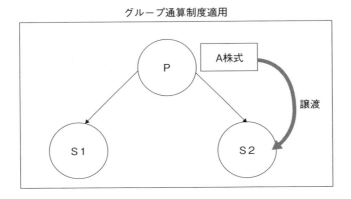

グループ通算制度適用

S2におけるA株式の所有期間

　移転をした通算親法人Pが元本を所有していた期間を、移転を受けた通算子法人
S2の元本を所有していた期間とみなして、通算子法人S2におけるその元本（A
株式）を所有していた期間を計算します（法令140の2④⑤）。

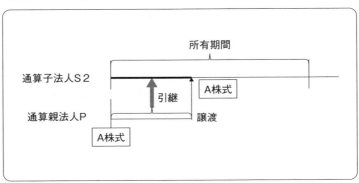

※　連結納税制度では、グループ通算制度と同様の取扱いとなっています（法令155
の26④六）。

実務上のポイント（用語編）

利子及び配当等	所得税法第174条各号に規定する利子等、配当等、給付補填金、利息、利益、差益、利益の分配又は賞金をいいます（法68①）。
原則法	控除の対象となる所得税の額について、元本の銘柄ごと、所有期間の月数ごとに計算します（法令140の2②）。
簡便法	控除の対象となる所得税の額について、元本を区分し、かつ、これを配当等の計算期間が1年を超えるものと超えないものに区分して、銘柄ごとに計算します（法令140の2③）。 ※　連結納税制度の場合についても、同様の措置が講じられています（法81の14、法令155の26）。

報告書 P30

　所得税額控除額の計算を銘柄別簡便法により行う場合に連結グループで合算して行うこととされている配当等の元本の所有期間判定については、あくまで簡便法に関するものであることから、個別申告方式を前提とすると、所有期間の計算単位（銘柄別簡便法）も法人ごととすることが事務負担の観点から合理的であると考えられる。

4　確定申告（法74条）ほか
～通算法人は電子申告義務化～

要点

➤ グループ通算制度では、単体納税制度と同様に、各通算法人で確定申告を行います。

➤ 通算法人は、電子情報処理組織（e-Tax）により法人税及び地方法人税の申告書等を提出しなければなりません。

［概要］

《確定申告》

　内国法人は、各事業年度終了の日の翌日から2か月以内に、税務署長に対し、確定した決算に基づき一定の事項を記載した確定申告書を提出しなければなりません（法74①）。

　グループ通算制度においても、単体納税制度と同様に、各通算法人が自ら所得金額及び法人税の額について申告を行います。その際、通算法人のみに適用される規定に関する明細として、法人税法施行規則別表18及び別表18付表を添付しなければなりません（法規35①四）。

《電子情報処理組織（e-Tax）による申告》

　特定法人である内国法人は、各事業年度の所得に対する法人税の申告については、中間申告書若しくは確定申告書又はこれらの申告書に係る修正申告書等に記載すべきものとされている事項を**電子情報処理組織（e-Tax）**で提出しなければなりません（法75の4）。

　グループ通算制度においては、中小法人であっても、電子情報処理組織（e-Tax）で提出しなければなりません（法75の4①②）。

参考法令等　法規36の3の2
　　　　　　　改正解説P980、グループ概要P4

［キーワード］

特定法人
（法75の3②）

グループ通算制度における申告等（Ⅰ）

予定申告（法71①）

内国法人である普通法人は、その事業年度が6か月を超える場合には、その事業年度開始の日以後6か月を経過した日から2か月以内に法人税の中間申告を行う必要があります。

通算法人については、次のとおり所要の整備が行われています。

➤　通算子法人は、清算中であっても法人税の中間申告義務があります。

➤　通算子法人の承認の効力が生じた日が同日の属する通算親法人の事業年度開始の日以後6か月を経過した日以後であるときのその効力が生じた日の属する事業年度は法人税の中間申告は必要ありません。

➤　通算子法人は、その事業年度開始の日の属する通算親法人の事業年度が6か月を超え、かつ、その通算親法人の事業年度開始の日以後6か月を経過した日において、その通算親法人との間に通算完全支配関係がある場合に法人税の中間申告を行う必要があります。

補足メモ✎

➤　前事業年度の法人税額に外国税額控除制度における税額控除超過額相当額に関する対象事業年度の法人税の額への加算措置による加算額がある場合、その加算額を控除した金額を前事業年度の確定法人税額とすることとなります。

➤　通算承認が効力を失った場合に、その失効したことによる前期実績基準額の調整はしないこととなります。

法人税別表　別表一、十九

グループ通算制度における申告等（Ⅱ）

仮決算による中間申告（法72①⑤）

内国法人である普通法人が、その事業年度開始の日以後6か月の期間を一事業年度とみなしてその期間に係る所得金額等を計算した場合には、法人税の予定申告（前ページ）に代えて中間申告書を提出することができます（法72①）。

通算法人については、次のとおり所要の整備が行われています。

➢　通算子法人は、事業年度開始の日から同日の属する通算親法人事業年度開始の日以後6か月を経過した日の前日までの期間を1事業年度とみなしてその期間に係る課税標準である所得の金額又は欠損金額を計算した場合に、仮決算による法人税の中間申告書を提出することができます（法72⑤一）。

➢　通算法人は、次の場合には、仮決算による法人税の中間申告書を提出することができません（法72⑤二）。

・　通算法人及び他の通算法人（※）の全てが、「前期実績基準額が10万円以下であること又は前期実績基準がないこと」、又は「中間申告期限が確定申告期限と同一であること」により、中間申告書の提出を要しない場合。

・　通算法人及び他の通算法人（※）の仮決算による法人税額の合計額が前期実績基準額の合計額を超える場合

　　※　通算親法人の事業年度開始の日以後6か月を経過した日及びその前日においてその通算法人との間に通算完全支配関係があるものに限ります。

➢　通算法人が仮決算による法人税の中間申告書を提出した場合において、他の通算法人のいずれかが仮決算による法人税の中間申告書を提出しなかったときは、次のとおりみなされます（法72⑤四）。

・　その通算法人が法人税の中間申告書を提出すべき内国法人である場合…前期実績基準額を記載した法人税の中間申告書の提出があったものとみなされます。

・　その通算法人が法人税の中間申告書を提出すべき内国法人でない場合…法人税の中間申告書の提出をしなかったものとみなされます。

グループ通算制度における申告等（Ⅲ）

確定申告書の提出期限の延長（法75⑧）

確定申告書を提出すべき内国法人が、災害その他やむを得ない理由により決算が確定しないため、その申告書を提出期限までに提出することができないと認められる場合には、納税地の所轄税務署長は、その内国法人の申請に基づき、期日を指定してその提出期限を延長することができます（法75①）。

通算法人については、次のとおり所要の整備が行われています。

《提出期限の延長ができる理由》

通算法人については、災害その他やむを得ない理由により、その通算法人若しくは他の通算法人の決算が確定しない、又は損益通算及び欠損金の通算等の計算を了することができないことを理由に提出期限の延長ができます（法75⑧一）。

《延長が認められた場合の法定申告期限》

確定申告書の提出期限の延長がされた場合において、通算グループ内の通算法人の全てが期日前に提出したときは、その提出日のうち最も遅い日が法定申告期限とみなされます（法75⑧一）。

《申請書の提出》

通算子法人は申告期限の延長申請書の提出ができませんので、通算親法人がその納税地の所轄税務署長に対して同申請書を提出する必要があります（法75⑧三）。

《みなし承認》

通算親法人に延長の処分があった場合には、他の通算法人の全てにつき延長されたものとみなされます（法75⑧二）。

グループ通算制度における申告等（Ⅳ）

確定申告書の提出期限の延長の特例（ⅰ）（法75の2⑪）

➤　次の原因・結果を理由に申告書の提出期限を延長することができます（法75の2⑪一、グ通2－72）。

原　因	結　果
通算法人又は他の通算法人につき、定款等の定め又は特別の事情があること	その事業年度以後の各事業年度終了の日の翌日から2か月以内にその各事業年度の決算についての定時総会が招集されない常況にあると認められる
グループ内の通算法人が多数に上ることその他これに類する理由により損益通算及び欠損金の通算等の計算を了することができないこと	確定申告書を提出期限までに提出することができない常況にあると認められる

➤　通算法人の申告書の提出期限の延長月数は、原則2か月となります。
　また、次の原因・結果を理由にそれぞれ次の期間延長できます（法75の2⑪一、グ通2－73、2－74）。

原　因	結　果	期　間
その通算法人又は他の通算法人が会計監査人を置いている場合で、かつ、定款等の定めがあること	その事業年度以後の各事業年度終了の日の翌日から4か月以内にその各事業年度の決算についての定時総会が招集されない常況にある	4か月を超えない範囲内において税務署長が指定する月数の期間
通算法人又は他の通算法人に特別の事情があること	損益通算及び欠損金の通算等の計算を了することができない常況にあることその他やむを得ない事情がある	税務署長が指定する月数の期間

グループ通算制度における申告等（Ⅴ）

確定申告書の提出期限の延長の特例（ⅱ）（法75の2⑪）

　前ページのほか、提出期限の延長の特例に係る主な取扱いは次のとおりです。

《申請書の提出》
　通算子法人は申告期限の延長の特例の申請書の提出ができませんので、通算親法人がその納税地の所轄税務署長に対して事業年度終了の日の翌日から45日以内に同申請書を提出する必要があります（法75の2⑪一・三）。

《みなし承認》
　通算親法人に対し延長又は延長月数の指定の処分があった場合には、他の通算法人の全てにつき延長又は延長月数の指定がされたものとみなされます（法75の2⑪二）。

《加入》
　内国法人が確定申告書の提出期限の延長の特例の適用を受けている通算親法人との間に通算完全支配関係を有することとなった場合

《みなし承認》
　その内国法人につき確定申告書の提出期限の特例延長（その通算親法人が延長月数の指定を受けた法人である場合には、その指定を含みます。）がされたものとみなされます（法75の2⑪二）。

実務上のポイント（用語編）

特定法人　　　　　次の法人をいいます（法75の4①②）。

イ　当該事業年度開始の時における資本金の額又は出資金の額が1億円を超える法人

ロ　通算法人（イに掲げる法人を除きます。）

ハ　相互会社

ニ　投資法人

ホ　特定目的会社

> **Plus α**
>
> **《電子情報処理組織（e-Tax）》**
> 特定法人でなかった内国法人について通算承認の効力が生じた場合には、事前届出は、その効力が生じた日から1か月以内に行う必要があります（法規36の3の2②）。
>
> **《連帯納付責任》**
> 通算法人は、他の通算法人の納付すべき法人税につき、連帯納付の責任を負うことになります（法152①グ通2－75、2－76）。

報告書 P23

行政手続コスト削減の観点から、令和2年4月1日以後開始事業年度から大法人は電子申告が義務化されること、企業グループ内の法人間で損益通算等の調整計算が正しく行われているか、課税庁が円滑かつ効率的に確認する必要があること等を踏まえ、企業グループ内の各法人に電子申告義務を課すことが適当である。

参考（国税庁通達）

2−69（申請期限後に災害等が生じた場合等の申告書の提出期限の延長）

　通算法人の事業年度終了の日から45日を経過した日後災害その他やむを得ない理由の発生により、当該通算法人若しくは他の通算法人の決算が確定しないため、又は法第2編第1章第1節第1款第11目《損益通算及び欠損金の通算》の規定その他通算法人に適用される規定（以下2−71までにおいて「通算法人向け規定」という。）による所得の金額若しくは欠損金額及び法人税の額の計算を了することができないため、確定申告書の提出期限までに確定申告書を提出することができない場合には、法第75条第8項第1号《確定申告書の提出期限の延長》の規定により読み替えて適用される同条第1項の規定に準じて取り扱う。この場合には、確定申告書の提出期限延長の申請書は、当該理由の発生後直ちに提出するものとし、当該申請書の提出があった日から15日以内に承認又は却下がなかったときは、当該申請に係る指定を受けようとする日を税務署長が指定した日としてその承認があったものとする。

2−70（申告書の提出期限の延長の再承認）

　確定申告書の提出期限の延長の承認を受けた通算法人が指定された提出期限までに当該通算法人若しくは他の通算法人の決算が確定しないため又は通算法人向け規定による所得の金額若しくは欠損金額及び法人税の額の計算を了することができないため確定申告書を提出できない場合には、当該通算法人に係る通算親法人の申請によりその指定の日を変更することができる。

2−71（通則法第11条による提出期限の延長との関係）

　通算法人又は他の通算法人のいずれかについて通則法第11条《災害等による期限の延長》の規定に基づき通則法令第3条第1項又は第2項《災害等による期限の延長》の規定による確定申告書の提出期限の延長がされた場合において、災害その他やむを得ない理由により、当該通算法人又は他の通算法人のいずれかについて、決算が確定しないため、又は通算法人向け規定による所得の金額若しくは欠損金額及び法人税の額の計算を了することができないため、確定申告書をその延長された期限までに提出することができないと認められるときは、当該期限を法第75条第8項第1号《確定申告書の提出期限の延長》の規定により読み替えて適用される同条第2項の規定による申請書の提出期限として同条（第5項を除く。）の規定を適用することができるものとする。この場合には、税務署長は遅滞なく延長又は却下の処分を行うものとし、また、同条第7項の規定の適用については、同項中「当該事業年度終了の日の翌日以後2月を経過した日から同項」とあるのは、「国税通則法施行令第3条第1項又は第2項の規定により指定された期限の翌日から第1項」と読み替える。

2－72（特別の事情がある通算法人又は他の通算法人）

　法第75条の2第11項第1号《確定申告書の提出期限の延長の特例》の規定により読み替えて適用される同条第1項に規定する「特別の事情」がある通算法人又は他の通算法人とは、次のような法人をいう。

(1)　保険業法第11条《基準日》の規定の適用がある保険株式会社

(2)　外国株主との関係で、決算確定までに日数を要する合弁会社

(3)　会社以外の法人で、当該法人の支部又は加入者である単位協同組合等の数が多いこと、監督官庁の決算承認を要すること等のため、決算確定までに日数を要する全国組織の協同組合連合会等

2－73（定款の定めにより2月間の提出期限の延長を受けることができる通算法人又は他の通算法人）

　法第75条の2第11項第1号《確定申告書の提出期限の延長の特例》の規定により読み替えて適用される同条第1項の規定により法第74条第1項《確定申告》の規定による申告書の提出期限について2月間の延長を受けることができる通算法人又は他の通算法人には、例えば、同じ通算グループ内に次のような定款の定めをしている法人（その事業年度終了の日の翌日から2月を経過する日までの間に定時株主総会が招集される法人を除く。）がある通算法人又は他の通算法人がこれに該当する。

(1)　定時株主総会の招集時期を事業年度終了の日の翌日から2月を経過した日以後とする旨の定め

(2)　定時株主総会の招集時期を事業年度終了の日の翌日から3月以内とする旨の定め

2－74（4月を超えない範囲内で提出期限の延長を受けることができる場合）

　通算法人又は他の通算法人で、会計監査人を置いているものが、次のような定款の定めをしている場合には、法第75条の2第11項第1号《確定申告書の提出期限の延長の特例》の規定により読み替えて適用される同条第1項第1号に掲げる場合に該当する。ただし、事業年度終了の日の翌日から4月を経過する日（以下2－74において「4月経過日」という。）までの間に定時株主総会が招集される場合は該当しない。

(1)　定時株主総会を4月経過日後の一定の期間内に招集する旨の定め

(2)　定時株主総会の議決権の基準日を事業年度終了の日の翌日から1月を経過した日以後の特定の日とする旨及び定時株主総会を当該基準日から3月以内に招集する旨の定め

(注)1　定時株主総会の議決権の基準日を定款に定めていない場合において、定時株主総会を基準日から3月以内に招集する旨を定款に定めているときは、法第75条の2第11項の規定により読み替えて適用される同条第1項第1号に掲げる場合に該当しないことに留意する。

　　　2　同条第11項の規定により読み替えて適用される同条第3項に規定する申請書の提出に当たり、定時株主総会を招集する時期が複数の月に及ぶなど定款の定めからは延長する月数が特定できない場合には、定時株主総会の招集時期が確認できる書類を当該申請書に添付する必要があることに留意する。

参考（国税庁Q＆A）

Q14　確定申告書の提出期限
通算法人は、いつまでに確定申告書を提出しなければなりませんか。

A　通算法人は、通算制度を適用しない法人と同様、原則として各事業年度終了の日の翌日から2月以内に、確定申告書を提出する必要があります。

ただし、確定申告書の提出期限の延長の特例を受ける場合には、全ての通算法人につきその期限が原則として2月間延長されます。

Q15　災害等による確定申告書の提出期限の延長
通算法人における災害等による確定申告書の提出期限の延長制度の概要を教えてください。

A　通算法人に対して、災害等による確定申告書の提出期限の延長の規定が適用された場合には、他の通算法人についてもその申告書の提出期限が延長されたものとみなされます。

Q16　通算子法人の解散又は残余財産の確定があった場合の申告
通算子法人S社（3月決算）は、X2年1月17日に解散（合併又は破産手続開始の決定による解散ではありません。）し、X2年10月15日に残余財産が確定しました。
(1)　S社の解散に係る申告はどのように行うこととなりますか。
(2)　S社の残余財産の確定に係る申告はどのように行うこととなりますか。
(3)　S社において、残余財産の確定の日の属する事業年度で生じた欠損金額は、通算親法人P社（3月決算）でどのように取り扱われますか。
なお、P社はS社の発行済株式の全てを直接保有しています。

A　(1)　S社は、解散によって通算制度の承認の効力が失われることはなく、また、解散日までの事業年度が生じないことから、自X1年4月1日至X2年3月31日事業年度については、P社の通算グループ内の通算法人として、通算制度の規定を適用して申告を行うこととなります。
(2)　S社の残余財産の確定の日の翌日であるX2年10月16日にS社の通算制度の承認の効力は失われることから、X2年4月1日からX2年10月15日までの期間について事業年度が生ずることとなり、その事業年度についてはS社が通算法人として損益通算の規定（法64の5）等を適用しないで申告を行うことになります。
(3)　その残余財産の確定の日の翌日の属するP社の事業年度（自X2年4月1日至X3年3月31日事業年度）において、損金の額に算入することとなります。

Q 17　各通算法人の確定申告
通算制度においては、各通算法人がそれぞれ確定申告を行う必要がありますか。

A　通算制度においては、その適用を受ける通算グループ内の各通算法人を納税単位として、通算制度を適用しない法人と同様、その各通算法人が法人税額の計算及び申告を行う必要があります。また、通算法人は、事業年度開始の時における資本金の額又は出資金の額が1億円超であるか否かにかかわらず、電子情報処理組織を使用する方法により納税申告書を提出する必要があります。

Q 18　通算法人の確定申告書に係る法人税の納付期限の延長
通算法人が、確定申告書の提出期限の延長の特例を受けている場合には、その申告書に係る法人税の納付期限についても延長されますか。

A　納付期限についても、通算制度を適用しない法人と同様に延長されます。

Q 19　通算法人の連帯納付責任
通算法人が法人税を滞納した場合には、他の通算法人は何らかの責任を負うことになりますか。

A　通算法人は、他の通算法人の納付すべき法人税につき、連帯納付の責任を負うことになります。

memo

5　欠損金の繰戻還付（法80条）
～通算グループ内での欠損金額の共有～

要点

➤ グループ通算制度では、各通算法人で欠損金の繰戻し還付請求を行い
ますが、繰戻還付の対象となる欠損金額は、各通算法人の欠損金額の
合計額を還付所得事業年度の所得の金額の比で配分した金額となりま
す。

[概要]

《青色欠損金の繰戻還付》

　中小法人等の青色申告書を提出する事業年度において生
じた欠損金額がある場合には、その**欠損事業年度**開始の日
前1年以内に開始した**還付所得事業年度**の所得に対する法
人税の額のうちその欠損金額に対応する部分の金額の還付
を受けることができます（法80①、措法66の12）。

還付を受けることができる金額

《算式》

$$\text{還付所得事業年度の法人税の額} \times \frac{\boxed{\text{欠損事業年度の欠損金額}}}{\text{還付所得事業年度の所得の金額}}$$

　グループ通算制度では、上記《算式》の「欠損事業年度
の欠損金額」について所要の調整を行った上で、繰戻し金
額を計算します（法80①⑦）。

参考法令等　法令156
　　　　　　　改正解説 P990

[キーワード]

欠損事業年度
（法80①）

還付所得事業
年度
（法80①）

繰戻還付の対象となる欠損金額の調整計算

青色欠損金の繰戻還付の場合

《欠損事業年度の欠損金額の調整計算》

1　通算対象外欠損金額がない場合

　還付を受けることができる金額の計算（前ページの算式）における「欠損事業年度の欠損金額」は、次の算式により計算した金額となります（法80⑦）。

「その通算法人の欠損事業年度」及び「他の通算法人のその欠損事業年度終了の日に終了する事業年度」において生じた欠損金額の合計額	×	その通算法人の還付所得事業年度の所得の金額の合計額 ／ 「その通算法人の還付所得事業年度」及び「他の通算法人の前1年内事業年度の所得の金額の合計額」を合計した金額

2　通算対象外欠損金額がある場合

　通算対象外欠損金額がある場合の「欠損事業年度の欠損金額」は、次のAとBの金額の合計額となります（法80⑦）。

A　その通算法人の通算対象外欠損金額（※1）

B　通算法人と他の通算法人の通算対象外欠損金額を除く欠損金額の合計額　×　（その通算法人の前1年内事業年度の所得金額 － その通算法人の通算対象外欠損金額）／ その通算法人と他の通算法人の前1年内事業年度の所得の金額（※2）の合計額

　※1　欠損金額のうち災害損失欠損金額の繰戻還付の規定により還付を受ける金額の計算の基礎とする金額を排除します。
　※2　通算対象外欠損金額を控除します。

繰戻還付の対象となる欠損金額の調整計算例

　通算法人の繰戻しの対象となる「欠損事業年度の欠損金額」は、その通算法人と他の通算法人の欠損金額の合計額を、各通算法人の還付所得事業年度の所得の金額の比で配分した金額（次の算式により計算した金額）となります。

（算式）（185ページの1再掲）

「その通算法人の欠損事業年度」 及び 「他の通算法人のその欠損事業年度終了の日に終了する事業年度」 において生じた欠損金額の合計額	×	その通算法人の還付所得事業年度の 所得の金額の合計額 ―――――――――――――――――― 「その通算法人の還付所得事業年度」 及び 「他の通算法人の前1年以内事業年度の所得の金額の合計額」 を合計した金額

（具体例）

	還付事業年度	欠損事業年度
通算親法人 P	300	△200
通算子法人 S1	50	100
通算子法人 S2	50	100

欠損事業年度の欠損金額の計算

	通算親法人P	通算子法人S1	通算子法人S2	計
欠損事業年度の 欠損金額	200	—	—	200
所得事業年度の 所得の金額	300	50	50	400
上記算式の計算	△200× (300/400) =△150	△200× (50/400) =△25	△200× (50/400) =△25	△200
欠損事業年度の 欠損金額（調整後）	△150	△25	△25	△200

⇒通算グループ内での欠損金額の共有。

繰戻還付の対象とした欠損金額

欠損事業年度の欠損金額のうち、繰戻還付の対象としたことにより翌期以後繰越控除の対象外とされる金額（＝還付を受けるべき金額の基礎となった金額）は、次のとおりとなります（法80⑫）。

青色欠損金の繰戻還付の場合

《通算対象外欠損金額がない場合》

その欠損事業年度において生じた欠損金額	×	「その通算法人の欠損事業年度」及び「他の通算法人のその欠損事業年度終了の日に終了する事業年度」において生じた欠損金額のうち、還付を受けるべき金額の計算の基礎となった金額の合計額
		「その通算法人の欠損事業年度」及び「他の通算法人のその欠損事業年度終了の日に終了する事業年度」において生じた欠損金額の合計額

解散等の場合の繰戻還付の特例

通算法人につき、次の事実が生じた場合には、欠損金の繰戻し還付を受けることができます（法80④、法令156）。

i） 通算親法人の解散（適格合併による解散を除きます。）及び通算子法人の破産手続開始の決定による解散

ii） 更生手続の開始

iii） 再生手続開始の決定

※ この適用できる事実は、各通算法人で判定します。

Plus α

通算子法人が解散（適格合併による解散及び子法人の破産手続開始の決定による解散を除きます。）をした場合には、通算グループを離脱しないため、その解散した法人の欠損金は、通算グループ内の他の法人の欠損金として繰越控除に使用できますので、繰戻還付の対象外とされています。

実務上のポイント（用語編）

欠損事業年度	欠損金額に係る事業年度をいい、通算親法人の事業年度終了の日に終了するものに限ります（法80①）。
還付所得事業年度	欠損事業年度開始の日前1年以内に開始したいずれかの事業年度をいい、通算承認の効力が生じた日前に終了した事業年度を除きます（法80①）。 ※　他の通算法人の場合、前1年内事業年度といいます（185ページ）。
通算対象外欠損金額	通算法人の欠損事業年度において生じた欠損金額のうち法人税法第64条の6の規定によりないものとされる金額をいいます（法80⑦）。

memo

6　青色申告（法125条〜128条）
〜グループ通算制度の承認との統合〜

要点

➤ グループ通算制度の通算承認と単体納税制度の青色申告承認が統合されています。

[概要]

《青色申告の承認》

　内国法人は、納税地の所轄税務署長の承認を受けた場合には、中間申告書及び確定申告書並びにこれらの申告書に係る修正申告書を青色の申告書により提出することができます（法121①）。

　その承認を受けようとする内国法人は、青色申告の承認申請書をその所轄税務署長に提出しなければなりません（法122）。

《青色申告の承認の取消し》

　青色申告の承認を受けた内国法人につき、帳簿書類の備付け、記録又は保存が財務省令で定めるところに従って行われていないなど一定の事実がある場合には、納税地の所轄税務署長は、その承認を取り消すことができます（法127①）。

《青色申告の取りやめ》

　青色申告の承認を受けている内国法人は、青色申告をやめようとするときは、青色申告の取りやめの届出書を納税地の所轄税務署長に提出しなければなりません（法128）。

　グループ通算制度では、青色申告制度を前提とした制度として構築されておりますので、これらの取扱いもその前提に基づく整備がなされています。

（具体的な内容は、次ページ参照）

[キーワード]

参考法令等　改正解説 P996、グループ概要 P 2

グループ通算制度における青色申告

　グループ通算制度における青色申告に係る各種取扱いは、次のとおりです。

《青色申告の承認》

　青色申告の承認を受けていない内国法人が通算承認を受けた場合には、その承認の効力が生じた日において青色申告の承認があったものとみなされます（法125②）。

　この場合、改めて青色申告の承認を受けるための申請を行う必要はありません。

《青色申告の承認の取消し》

　通算法人に対する青色申告の承認の取消しがあったときは、その取消しの処分に係る通知を受けた日の前日（その前日が通算親法人の事業年度終了の日である場合には、その通知を受けた日）の属する事業年度以後の各事業年度についてその承認の効力を失います（法127①③）。

　また、通算法人であった内国法人に対する青色申告の承認の取消しについては、納税地の所轄税務署長は、その承認の取消事由に該当する事業年度が失効事業年度前の事業年度である場合には、その失効事業年度まで遡って、その承認を取り消すことができます（法127①④）。

　※　失効事業年度とは、通算承認の効力を失った日の前日（その前日が通算親法人の事業年度終了の日である場合には、その効力を失った日）の属する事業年度をいいます。

《青色申告の取りやめ》

　通算法人は、青色申告の取りやめの届出ができません（法128）。

補足メモ✎

　通算承認は、青色申告の承認の取消しの処分の通知を受けた日に、その効力を失います（法64の10⑤）。

参考 （国税庁 Q&A）

Ｑ20　通算制度の承認申請と青色申告の承認申請との関係

　Ｐ社は、いわゆる設立事業年度等の承認申請特例を適用し、設立事業年度から通算制度の規定の適用を受けるために、通算制度の承認申請書をその提出期限内に提出しました。

　ここで、Ｐ社は、この通算制度の申請が却下された場合でも設立事業年度から青色申告を行うことができるよう、青色申告の承認申請書についてもその提出期限内に提出しました。

⑴　Ｐ社の通算制度の適用を受けようとする最初の事業年度開始の日の前日までに通算制度の承認の申請が承認又は却下されなかった場合、青色申告の承認申請はどのように取り扱われますか。

⑵　通算制度の承認の申請が却下された場合、青色申告の承認申請はどのように取り扱われますか。

Ａ　⑴　その通算制度の承認の効力が生じた日において青色申告の承認があったものとみなされます。

　　⑵　その青色申告の承認申請について設立事業年度終了の日までに承認又は却下されなかったときは、その日において青色申告の承認があったものとみなされます。

Ｑ21　通算離脱法人に係る青色申告の承認手続

　当社は、設立事業年度から通算制度の規定を適用して申告を行っている通算子法人であることから、青色申告に係る承認申請を行っていません。将来、通算親法人が当社の発行済株式を通算グループ外の第三者に譲渡することにより通算完全支配関係を有しないこととなった場合には、当社は、通算グループから離脱して申告をすることとなりますが、引き続き青色申告を行いたいと考えています。

　この場合、青色申告の承認を受けるための申請手続を行う必要はありますか。

Ａ　青色申告の承認を受けるための申請手続を行う必要はありません。

Ｑ22　通算法人に対する青色申告の承認の取消し

　通算法人が青色申告の承認の取消しの処分の通知を受けた場合、通算制度の承認の効力も失われることとなりますか。

Ａ　青色申告の承認の取消しの処分の通知を受けた日から、通算制度の承認の効力を失うこととなります。

　また、通算法人の青色申告の承認については、青色申告の承認の取消しの通知を受けた日の前日（その前日が通算親法人の事業年度終了の日である場合には、その通知を受けた日）の属する事業年度以後の各事業年度から、その効力を失うこととなります。

7 その他の項目

① 行為又は計算の否認（法132条の3）
　～多様な租税回避行為が想定～

② 仮装経理に基づく過大申告の場合の更正に伴う税額の還付の特例（法135条①）

③ 連帯納付の責任（法152条ほか）
　～グループで連帯納付責任を負う～

④ 罰則（法159条）
　～企業グループの一体性に着目～

① 行為又は計算の否認 （法132条の3）
～多様な租税回避行為が想定～

要点

➤ グループ通算制度においても、連結納税制度と同様、包括的な租税回避行為防止規定が設けられています。

[概要]　　　　　　　　　　　　　　　　　　　　　　　　　　　[キーワード]

《見直し後の内容》

　税務署長は、通算法人の各事業年度の所得に対する法人税につき更正又は決定をする場合において、その通算法人又は他の通算法人の行為又は計算で、これを容認した場合には、当該各事業年度の所得の金額から控除する金額の増加、法人税の額から控除する金額の増加、他の通算法人に対する資産の譲渡に係る利益の額の減少又は損失の額の増加その他の事由により法人税の負担を不当に減少させる結果となると認められるものがあるときは、その行為又は計算にかかわらず、税務署長の認めるところにより、その通算法人に係る法人税の課税標準若しくは欠損金額又は法人税の額を計算することができます（法132の3）。

報告書 P20、21

　グループ通算制度（仮称）に関しては、仮に、損益通算の方法をプロラタ方式とし、損益通算できる損失等の額を当初申告額に固定することとした場合でも、欠損金の繰越期間に関する制限を人為的に回避するなどの行為が想定される。このような租税回避行為を防止するための規定は個別に設ける必要があるが、このほかにも一連の行為の中で損益通算等の要素を利用するなど多様な租税回避行為が想定されるため、現行制度と同様、包括的な租税回避行為防止規定が必要である。

参考法令等　改正解説 P1000

② 仮装経理に基づく過大申告の場合の更正に伴う税額の還付の特例（法135条①）

要点

➤ グループ通算制度では、各通算法人において適用されます。

[概要]　　　　　　　　　　　　　　　　　　　　　　　[キーワード]

《連結納税制度》

　連結確定申告書に記載された各連結事業年度の連結所得の金額が、連結事業年度の課税標準とされるべき連結所得の金額を超え、かつ、その超える金額のうちに事実を仮装して経理したところに基づくものがある場合において、税務署長がその連結事業年度の連結所得に対する法人税につき更正をしたときは、その連結事業年度の連結所得に対する法人税として納付された仮装経理法人税額は、一定の場合に還付されるもの（注）を除き、還付されません（旧法135①）。

（注）　単体納税制度と連結納税制度の制度間の移行を還付対象事実として仮装経理法人税額の残額は還付されます。

　グループ通算制度においては、各通算法人において適用されます（法135①）。なお、上記のとおり、単体納税制度と連結納税制度の制度間の移行は還付対象事実とされていましたが、グループ通算制度は単体納税制度の特例ですので、通算承認の効力の発生及び失効は還付対象事実とされていません。

参考法令等　改正解説 P1001

③ 連帯納付の責任（法152条ほか）
～グループで連帯納付責任を負う～

要点

> ➢ グループ通算制度では、通算法人は他の通算法人の法人税について、連帯納付の責めに任ずることになります。

[概要]　　　　　　　　　　　　　　　　　　　　　　　　　　[キーワード]

《連結納税制度》

　連結子法人は、連結親法人の連結所得に対する法人税（その連結子法人と連結親法人との間に連結完全支配関係がある期間内に納税義務が成立したものに限ります。）について、連帯納付の責めに任ずることになります（法81の28①）。

　この場合に、その連結子法人からのその連帯納付の責任に係る法人税の徴収は、その徴収に係る処分の際におけるその法人税の納税地又はその連結子法人の本店若しくは主たる事務所の所在地の所轄税務署長が行うことになります（法81の28②、通則法43①）。

　グループ通算制度では、通算法人は、他の通算法人の所得に対する法人税（その通算法人と他の通算法人との間に通算完全支配関係がある期間内に納税義務が成立したものに限ります。）について、連帯納付の責めに任ずることになります（法152①）。

　この場合に、その通算法人からのその連帯納付の責任に係る法人税の徴収は、その徴収に係る処分の際におけるその法人税の納税地又はその通算法人の法人税の納税地の所轄税務署長が行うことになります（法152②、通則法43①）。

参考法令等　改正解説 P1002、グループ概要 P 4

④ 罰　則（法159条）
〜企業グループの一体性に着目〜

要点

➢ グループ通算制度においても、連結納税制度の場合と同様、他の通算
法人の代表者等を行為者として明示しました。

[概要]　　　　　　　　　　　　　　　　　　　　[キーワード]

《制度の概要》

　偽りその他不正の行為により、法人税を免れ、又は法人
税の還付を受けた場合には、法人の代表者、代理人、使用
人その他の従業者（その法人が連結親法人である場合には、
連結子法人の代表者、代理人、使用人その他の従業者を含
みます。）でその違反行為をした者は、10年以下の懲役若し
くは1,000万円以下の罰金に処し、又はこれを併科すること
とされています（法159①）。

　グループ通算制度においては、通算法人の法人税のほ脱
犯・不正受還付犯については、他の通算法人の代表者、代
理人、使用人その他の従業者が上記の違反行為を行った場
合のこれらの者も、ほ脱犯・不正受還付犯とされます（法
159①）。

参考法令等　　改正解説 P1003

8　連結納税制度との比較

連結納税制度	グループ通算制度
法人税率（軽減税率）	
親法人の適用税率	通算法人ごとに法人税率適用
親法人が中小法人であれば、年連結所得800万円の適用	年所得800万円を通算グループの所得の金額の比で按分
遮断措置と全体再計算　無	遮断措置と全体再計算　有 （154ページ）
留保金課税	
留保金課税は、連結グループ全体を単一法人とみなして計算	留保金課税は、通算法人ごとに計算 通算親法人のグループ外への配当について所要の調整計算 資本金が1億円以下でも大通算法人は特定同族会社 （162ページ）
所得税額控除	
簡便法については、連結グループ全体を単一法人とみなして計算	簡便法についても、通算法人ごとに計算
原則法について連結法人間での配当等の元本に係る所有期間の引継　有	原則法について通算法人間の配当等の元本に係る所有期間の引継　有 （168ページ）

連結納税制度	グループ通算制度
確定申告（予定・延長ほか）	
確定申告は、親法人が提出	確定申告は、通算法人ごとに提出
親法人の資本金が1億円超であれば、e-Tax での申告が義務	通算法人は、法人税及び地方法人税の e-Tax での申告が義務
連帯納付責任　有	連帯納付責任　有 （172ページ）
欠損金の繰戻しによる還付	
繰戻し還付は、親法人が請求	繰戻し還付は、通算法人ごとに請求
連結グループ全体を単一法人とみなして計算	グループ全体で計算
還付額を欠損連結事業年度の各連結法人の欠損金額の比で配分	各通算法人の欠損金額を還付所得事業年度の所得の金額の比で配分 （184ページ）

Part IV

租税特別措置法の改正

PartIVでは、租税特別措置法の中でも、制度が多岐にわたり、仕組みが複雑な研究開発税制を取り上げ、グループ通算制度での特徴について、その適用場面における具体的な計算事例を交えながら、分かりやすく解説を行っています。

1 研究開発税制（措法42条の４）
～グループ全体計算のメリット享受～

要点

> ➤ グループ通算制度では、通算グループを一体として税額控除の計算を行います。
> ➤ 税額控除額の配分は、各通算法人の調整前法人税額の比で行います。

[概要]　　　　　　　　　　　　　　　　　　　　　　　　　[キーワード]

《研究開発税制》

　この制度は、次のⅠからⅣまでによって構成されています。

Ⅰ　試験研究費の総額に係る税額控除制度（措法42の４①）（制度の概要は204ページ）

Ⅱ　中小企業技術基盤強化税制（措法42の４④）

Ⅲ　特別試験研究費の額に係る税額控除制度（措法42の４⑦）

Ⅳ　連結納税制度における試験研究費の総額に係る税額控除制度（措法68の９）

　グループ通算制度では、通算グループを一体として計算する調整を行い、グループ内の法人が試験研究を行うことにより、グループ全体で税額控除ができることとされています。

（具体的な内容は、次ページ参照）

参考法令等　措令27の４
　　　　　　　改正解説 P1009、グループ概要 P 7

通算法人における試験研究費の総額に係る税額控除制度

通算法人における試験研究費の総額に係る税額控除制度の概要

通算法人がこの制度（202ページⅠ）の適用を受ける場合には、この制度における税額控除限度額を次の算式により計算した税額控除可能分配額として、その通算法人の税額控除額を計算することができます（措法42の4①⑧三）。

$$\begin{matrix} 税額控除 \\ 可能分配額 \end{matrix} = \begin{matrix} 税額控除 \\ 可能額※ \end{matrix} \times \frac{その通算法人の調整前法人税額}{各通算法人の調整前法人税額の合計額}$$

※　税額控除可能額とは、通算グループを一体として計算した税額控除限度額（下記1）と控除上限額（下記2）とのいずれか少ない金額をいいます（措法42の4⑧三）。

1 通算グループを一体として計算した税額控除限度額

各通算法人の損金の額に算入される試験研究費の額の合計額に、次のイ又はロの**合算増減試験研究費割合**の区分に応じて計算される税額控除割合（各通算法人の比較試験研究費の額の合計額が零であるときは8.5%）を乗じて計算した金額となります（措法42の4⑧三イ）。

イ　合算増減試験研究費割合が8％を超える場合

税額控除割合（10%が上限）
　　　＝9.9％＋｛(合算増減試験研究費割合－8%)×0.3｝

ロ　合算増減試験研究費割合が8％以下である場合

税額控除割合（6%が下限）
　　　＝9.9％－｛(8%－合算増減試験研究費割合)×0.175｝

2 通算グループを一体として計算した控除上限額

各通算法人の調整前法人税額の合計額の25％（一定の法人に係る一定の通算グループについては40％）に相当する金額となります（措法42の4⑧三ロ・ハ）。

通算法人計算等

補足メモ✎

《試験研究費の総額に係る税額控除制度》

　青色申告法人の各事業年度において、損金の額に算入される試験研究費の額がある場合には、その試験研究費の額に一定の税額控除割合を乗じた金額を法人税額から控除できるというものです（措法42の4①）。

　この場合の税額控除限度額は、試験研究費の額に税額控除割合※を乗じた金額となります。ただし、その税額控除上限額はその事業年度の調整前法人税額の25%相当額とされています（措法42の4①）。

※　税額控除割合は、次のイ又はロの増減試験研究費割合に応じて、次のとおりとなります（措法42の4①）。

　(1)　増減試験研究費割合が8%を超える場合

> 税額控除割合（10%を上限）
> 　　＝9.9%＋{（増減試験研究費割合－8%）×0.3}

　(2)　増減試験研究費割合が8%以下である場合

> 税額控除割合（6%を下限）
> 　　＝9.9%－{（8%－増減試験研究費割合）×0.175}

　増減試験研究費割合とは、増減試験研究費の額（試験研究費の額から比較試験研究費の額を減算した金額）の比較試験研究費の額に対する割合をいいます。

Plus α

➤ 中小企業技術基盤強化税制（202ページⅡ）における税額控除額は、総額に係る税額控除に代えて、通算グループ全体の税額控除可能額を求め、各通算法人の税額控除額を計算することができます（措法42の4④～⑥）。この場合の税額控除可能額は、通算グループ全体の試験研究費合計額をもとに計算します。

➤ 特別試験研究費に係る税額控除（202ページⅢ）についても、総額に係る税額控除と同様に、税額控除可能額を求め、税額控除額を計算することができます（措法42の4⑦⑱）。この場合の税額控除可能額は、通算法人全体の特別試験研究費の内容に応じて計算します。

試験研究費の総額に係る税額控除限度額の計算（当初申告）

　203ページの概要の理解を容易にするために、次の具体例に基づき計算順序を確認していきたいと思います。

（具体例）

	通算親法人 P	通算子法人 S1	通算子法人 S2	計
所　得	500	700	0	1,200
調整前法人税額	120	180	0	300
試験研究費	420	0	420	840
比較試験研究費	280	0	420	700

（計算順序）

①	合算増減試験研究費割合　　$\left[\dfrac{\text{各通算法人の試験}}{\text{研究費の合計額}} - \text{各通算法人の比較試験研究費の合計額}\right] \div \text{各通算法人の比較試験研究費の合計額}$　＝（840－700）÷700＝20％	20%
②	税額控除割合（合算増減試験研究費割合が8％を超える場合） ＝　9.9％＋{（合算増減試験研究費割合－8％）×0.3} ＝　9.9％＋{（20％－8％）×0.3}＝13.5％＞10％が上限	10%
③	税額控除限度額 各通算法人の試験研究費の合計額×税額控除割合（上記②） ＝840×10％＝84	84
④	控除上限額 各通算法人の調整前法人税額の合計額×25％＝300×25％＝75	75
⑤	税額控除可能額 税額控除限度額（上記③）と控除上限額（上記④）のいずれか少ない金額　∴　84＞75	75

★税額控除可能分配額（税額控除限度額）

$$= \text{税額控除可能額} \times \frac{\text{その通算法人の調整前法人税額}}{\text{各通算法人の調整前法人税額の合計額}}$$

税額控除可能分配額の計算	通算親法人 P	通算子法人 S1	通算子法人 S2
	75×（120/300）＝30	75×（180/300）＝45	75×（0/300）＝0

試験研究費の総額に係る税額控除制度（遮断措置）　Ⅰ

他の通算法人の当初申告における数値に誤りがあった場合

　税額控除限度額の計算（203ページ）をする場合において、他の通算法人の試験研究費の額又は調整前法人税額が、**当初申告試験研究費の額又は当初申告調整前法人税額**と異なるときは、「当初申告試験研究費の額又は当初申告調整前法人税額」を、試験研究費の額又は調整前法人税額とみなします（措法42の4⑧四）。

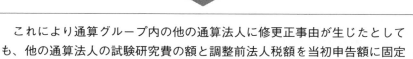

> 　これにより通算グループ内の他の通算法人に修更正事由が生じたとしても、他の通算法人の試験研究費の額と調整前法人税額を当初申告額に固定化することにより、その通算法人への影響が遮断され、原則として、その修更正が生じた法人のみが是正することになります。

　例えば、次の事実に基づき試験研究費の総額に係る税額控除を適用した事業年度において、通算親法人Ｐ（他の通算法人）の試験研究費の額が過大に計上されており、通算親法人Ｐにおいて修更正事由が生じている場合。

	通算親法人Ｐ	通算子法人Ｓ１	通算子法人Ｓ２	計
所　　得	500	700	0	1,200
調整前法人税額	120	180	0	300
試験研究費	正当額320 420	0	420	840
比較試験研究費	280	0	420	700

　当初申告試験研究費の額420を固定化することにより、通算グループ全体の再計算は行われず、通算法人（通算子法人Ｓ１と通算子法人Ｓ２）は、修正申告又は更正の必要がありません。

試験研究費の総額に係る税額控除制度（遮断措置）Ⅱ

　206ページの「他の通算法人の当初申告における数値に誤りがあった場合（措法42の4⑧四）」のほか、当初申告又は適用対象事業年度に新たな事象が生じた場合として、法令上、次の場合が規定されています（措法42の4⑧五、六、七）。

自己の当初申告における数値に誤りがあった場合（措法42の4⑧五、六）

　A　税額控除可能額が**当初申告税額控除可能額**以上である場合

　　　自己の当初申告における数値に誤りがあった場合において、税額控除可能額が当初申告税額控除可能額以上であるときは、**当初申告税額控除可能分配額**を、税額控除可能分配額とみなします（措法42の4⑧五）。

　B　税額控除可能額が当初申告税額控除可能額未満である場合

　　(A)　当初申告税額控除可能分配額が零を超える場合
　　　　当初申告税額控除可能分配額から**税額控除超過額**を控除した金額を、税額控除可能分配額（※）とみなします（措法42の4⑧六イ）（208ページ）。
　　　※　修更正の時における税額控除額とします。

　　(B)　税額控除超過額が当初申告税額控除可能分配額を超える場合
　　　　適用対象事業年度の法人税額は、他の税額計算規定等により計算した法人税額に、税額控除超過額から当初申告税額可能分配額を控除した金額に相当する金額（※）を加算します（措法42の4⑧六ロ）（209ページ）。
　　　※　修更正の時における税額控除額を零とし、この控除しきれなかった金額は取戻し課税を行います。

適用対象事業年度において非特定欠損金額が増加した場合（措法42の4⑧七）

　　その通算法人の適用対象事業年度の法人税額は、他の税額計算規定等により計算した法人税額に、当初申告税額控除可能額から調整後税額控除可能額を控除した金額相当額を加算することになります。

　ここでは、次の具体例に基づき前ページのB（A）の取扱いを確認します。

（具体例）　通算親法人Pの所得が200過大、調整前法人税額が48過大である場合。

当初申告	通算親法人P	通算子法人S1	通算子法人S2	計
所　得	(300)　500	700	0	(1,000)　1,200
調整前法人税額	(72)　120	180	0	(252)　300
試験研究費	420	0	420	840
比較試験研究費	280	0	420	700

（計算順序）

①　合算増減試験研究費割合 （各通算法人の試験研究費の合計額 － 各通算法人の比較試験研究費の合計額）÷ 各通算法人の比較試験研究費の合計額 ＝（840－700）÷700＝20%	20%
②　税額控除割合（合算増減試験研究費割合が8%を超える場合） ＝9.9%＋{（合算増減試験研究費割合－8%）×0.3} ＝9.9%＋{（20%－8%）×0.3}＝13.5%＜10%が上限	10%
③　税額控除限度額 各通算法人の試験研究費の合計額×税額控除割合（上記②） ＝840×10%＝84	84
④　控除上限額 各通算法人の調整前法人税額の合計額×25%＝252×25%＝63	63
⑤　税額控除可能額 税額控除限度額（上記③）と控除上限額（上記④）のいずれか少ない金額　∴　84＞63	63
⑥　税額控除超過額 75（当初の税額控除可能額）－63＝12	12

★⑦　当初税額控除可能分配額（税額控除限度額）

	税額控除可能額 × その通算法人の調整前法人税額 / 各通算法人の調整前法人税額の合計額		
税額控除可能分配額の計算	通算親法人P 75×（120/300）＝30	通算子法人S1 75×（180/300）＝45	通算子法人S2 75×（0/300）＝0

⑦－⑥	30－12＝18		
税額控除可能分配額	18		

　ここでは、次の具体例に基づき207ページのB（A）（B）の取扱いを確認します。

（具体例）　通算親法人Pの試験研究費が２８０過大である場合。

当初申告	通算親法人 P	通算子法人 S1	通算子法人 S2	計
所　得	500	700	0	120
調整前法人税額	120	180	0	300
試験研究費	（140）　420	0	420	（560）　840
比較試験研究費	280	0	420	700

（計算順序）

①	合算増減試験研究費割合　　　$\left(\dfrac{各通算法人の試験研究費の合計額 - 各通算法人の比較試験研究費の合計額}{各通算法人の比較試験研究費の合計額}\right)$　＝（560－700）÷700＝△20%	△20%
②	税額控除割合（合算増減試験研究費割合が８％以下である場合）＝9.9％－｛（８％－合算増減試験研究費割合）×0.175｝＝9.9％－｛（８％－（△20％）×0.175｝＝5.0％＜6％が下限	6％
③	税額控除限度額　各通算法人の試験研究費の合計額×税額控除割合（上記②）＝560×6％＝33.6	33.6
④	控除上限額　各通算法人の調整前法人税額の合計額×25％＝300×25％＝75	75
⑤	税額控除可能額　税額控除限度額（上記③）と控除上限額（上記④）のいずれか少ない金額　∴33.6＞75	33.6
⑥	税額控除超過額　75（当初の税額控除可能額）－33.6＝41.4	41.4

★⑦　当初税額控除可能分配額（税額控除限度額）

$$＝税額控除可能額 \times \dfrac{その通算法人の調整前法人税額}{各通算法人の調整前法人税額の合計額}$$

税額控除可能分配額の計算	通算親法人 P	通算子法人 S１	通算子法人 S２
	75×（120/300）＝30	75×（180/300）＝45	75×（0/300）＝0

⑦－⑥	B(A)税額控除可能分配額　30－30＝0		
⑥－⑦	B(B)法人税額に加算　41.4－30＝11.4		

実務上のポイント（用語編）

合算増減試験研究費割合	その適用を受ける事業年度に係る各通算法人の損金の額に算入される試験研究費の額の合計額から各通算法人の比較試験研究費の額の合計額を減算した金額の各通算法人の比較試験研究費の額の合計額に対する割合をいいます（措法42の4⑧三イ(1)）。
比較試験研究費の額	本制度の適用を受ける通算法人に係る通算親法人の事業年度開始の日前3年以内に開始した各事業年度の損金の額に算入される試験研究費の額の合計額をその各事業年度の数で除して計算した平均額をいいます（措法42の4⑲五）。
当初申告試験研究費の額又は当初申告調整前法人税額	他の事業年度の確定申告書等に添付された書類に試験研究費の額又は調整前法人税額として記載された金額をいいます（措法42の4⑧四）。
当初申告税額控除可能額	通算法人の確定申告書等に添付された書類に税額控除可能額として記載された金額をいいます（措法42の4⑧五）。
当初申告税額控除可能分配額	確定申告書等に添付された書類に税額控除可能分配額として記載された金額をいいます（措法42の4⑧五）。
税額控除超過額	当初申告税額控除可能額から税額控除可能額を減算した金額をいいます（措法42の4⑧六）。

実務上のポイント（通達編）

3－2（通算法人に係る中小企業者であるかどうかの判定の時期）

　通算法人に係る措置法第42条の４第４項《試験研究を行った場合の法人税額の特別控除》の規定の適用上、当該通算法人が中小企業者（同条第19項第７号に規定する中小企業者をいう。）に該当するかどうかの判定（以下３－２において「中小判定」という。）は、当該通算法人及び他の通算法人（当該通算法人の同条第４項の規定の適用を受けようとする事業年度（以下３－２において「適用事業年度」という。）終了の日において当該通算法人との間に通算完全支配関係がある法人に限る。）の適用事業年度終了の時の現況によるものとする。

　通算親法人の事業年度の中途において通算承認の効力を失った通算法人のその効力を失った日の前日に終了する事業年度における中小判定についても、同様とする。

［解説（ポイント）］

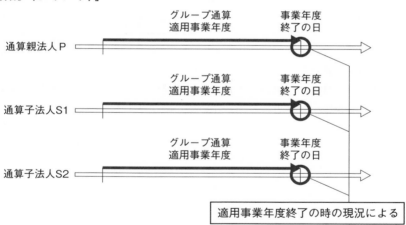

通算法人の期末時において中小企業者に該当しない法人が通算グループ内に１社でもいる場合には、その通算グループ内の通算法人全てが中小企業者に該当しないことになります（措令27の４⑰）。

実務上のポイント（通達編）

《中途離脱法人について》

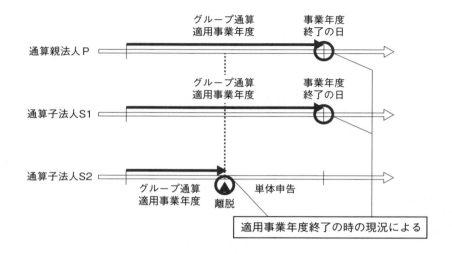

通算法人の通算承認の効力を失った日の前日の時点において中小企業者に該当しない法人が通算グループ内に1社でもいる場合には、その通算グループ内の通算法人全てが中小企業者に該当しないことになります。

参考（国税庁通達）

3－1（通算親法人が合併以外の事由による解散をした場合の通算子法人の適用関係）

　通算親法人が解散（合併による解散を除く。）をした場合における当該通算親法人に係る通算子法人の当該解散の日の属する事業年度については、措置法第42条の4第8項（同条第18項において準用する場合を含む。）《試験研究を行った場合の法人税額の特別控除》の規定の適用はなく、同条第1項若しくは第4項又は第7項の規定の適用があることに留意する。

3－3（試験研究費の額又は特別試験研究費の額を有しない通算法人に係る適用関係）

　通算法人の措置法第42条の4第8項第2号《試験研究を行った場合の法人税額の特別控除》に規定する適用対象事業年度における同条の規定の適用に当たっては、それぞれ次のことに留意する。

(1)　当該通算法人に同条第1項に規定する試験研究費の額がない場合であっても、同条第8項第2号に定めるところにより、同条第1項又は第4項の規定の適用がある。

(2)　当該通算法人に同条第7項に規定する特別試験研究費の額がない場合であっても、同条第18項の規定により読み替えて準用する同条第8項第2号に定めるところにより、同条第7項の規定の適用がある。

報告書 P30

研究開発税制については、次のように記載されています。

研究開発税制は、試験研究費の増減率、控除額、控除上限、試験研究費割合につき、連結グループを一体として計算することとされているが、

① 　単体申告の場合には欠損法人が行った試験研究等については税額控除が受けられないこととの公平性や事務負担の観点から調整計算を廃止することも考えられる。

② 　他方、企業グループの研究開発機能を集中させている企業経営の実態や政策税制であることなども踏まえ、引き続き調整計算を行うなど、何らかの配慮をすることも考えられる。

参考（国税庁 Q&A）

Q59 通算法人における試験研究費の総額に係る税額控除の計算

同一の通算グループ内の通算法人であるA社、B社及びC社の所得の金額、調整前法人税額、試験研究費の額及び比較試験研究費の額はそれぞれ次のとおりとなっています。

この場合に、A社、B社及びC社の試験研究費の総額に係る税額控除（措法42の4①）の計算はそれぞれどのように行うこととなりますか。

なお、A社、B社及びC社はいずれも中小企業者等には該当しません。通算法人に適用される法人税の税率はどのようになっていますか。

	A社	B社	C社	合計
所得の金額	260	600	0	860
調整前法人税額	60	140	0	200
試験研究費の額	400	0	200	600
比較試験研究費の額	300	0	200	500

A

通算法人における試験研究費の総額に係る税額控除の計算は、通算グループを一体として計算した税額控除限度額と控除上限額とのうちいずれか少ない金額を、通算法人の調整前法人税額の比で按分することにより行います。

本件については、A社、B社及びC社の税額控除額は、それぞれ15、35及び零となります。

Q60 通算法人の修正申告等における試験研究費の総額に係る税額控除の計算

同一の通算グループ内の法人であるA社、B社及びC社の当初申告における所得の金額、調整前法人税額、試験研究費の額及び比較試験研究費の額はそれぞれ次のとおりとなっています。

その後、税務調査によりA社の試験研究費の額が100となりました。通算制度における試験研究費の総額に係る税額控除では修更正事由があった通算法人以外の他の通算法人には影響させない遮断措置があるそうですが、この場合、A社、B社及びC社の再計算はそれぞれ具体的にどのように行うこととなりますか。

なお、A社、B社及びC社はいずれも中小企業者等には該当しません。

		A 社	B 社	C 社	合計
所得の金額		260	600	0	860
調整前法人税額		60	140	0	200
試験研究費の額	（当初申告）	400	0	200	600
	（調査後）	100	0	200	300
比較試験研究費の額		300	0	200	500

A　通算グループ内の他の通算法人に修更正事由があった場合には、当該他の通算法人の試験研究費の額と調整前法人税額を当初申告額に固定することにより、その通算法人への影響が遮断されます。このため、本件においては、再計算の結果、通算グループ全体で32の税額控除超過額が生じることとなり、A社の法人税額は17増加しますが、B社及びC社の法人税額は変わりません。

2　連結納税制度との比較

連結納税制度	グループ通算制度
研究開発税制（措法42の４）	
連結グループ全体計算（税額控除額）	通算グループ全体計算（税額控除額）
控除額は各連結法人の個別税額控除相当額の比であん分	控除額は各通算法人の調整前法人税額の比であん分
遮断措置と全体再計算　無	遮断措置と全体再計算　有 （202ページ）

memo

Part V
単体納税制度に影響のある改正

このPart Vでは、課税の中立性・公平性の観点から見直しが行われた単体納税制度にも影響のある4つの個別制度について、改正点を短くコンパクトにまとめるとともに、実務に直結する項目は計算事例を活用し解説を行っています。

1　受取配当等の益金不算入（法23条）
～負債利子控除額の遮断措置あり～

要点

> ➤ グループ通算制度では、受取配当等の益金不算入額の計算については、単体納税制度と同様に各通算法人で行いますが、関連法人株式等の負債利子控除額の計算について、一部でグループ調整計算を適用することとされています。

[概要]

《受取配当等の益金不算入制度》

　法人が受ける配当等の額については、その配当等の基となる株式等を次表の株式等に区分し、それぞれの益金不算入額を計算することになります（法23①）。

株式等の区分（注）	益金不算入額
完全子法人株式等	配当等の額の全額
関連法人株式等	配当等の額 －関連法人株式等に係る負債利子額
非支配目的株式等	配当等の額の20％相当額
上記以外の株式等	配当等の額の50％相当額

（注）　株式等の区分判定については、完全支配関係グループ全体の保有割合で行います（227ページ）。

《関連法人株式等に係る負債利子控除額》

　関連法人株式等については、その株式等に係る部分の負債利子の支払がある場合には、その配当等の額から**一定の計算**により算出した金額（負債利子控除額）を控除することになります（法23④、法令22）。

（一定の計算については、次ページ参照）

参考法令等　法令22、22の2、22の3
　　　　　　　改正解説 P1122、グループ概要 P8

[キーワード]

完全子法人株式等
（法23①⑤）

関連法人株式等
（法23①④）

非支配目的株式等
（法23①⑥）

関連法人株式等の負債利子控除額の計算（原則・特例）

～グループ通算制度を適用していない法人の場合～

【原則】

　関連法人株式等に係る配当等の額から控除する負債の利子の額は、その配当等の額の４％相当額となります（法23①、法令19①）。

関連法人株式等に係る 負債利子控除額	＝	関連法人株式等に係る 配当等の額の４％相当額

【特例】

　上記の原則にかかわらず、次の［前提］に該当する場合には、次の［算式］に基づき計算された金額が関連法人株式等に係る負債利子控除額となります（法令19②）。

［前提］

関連法人株式等に係る 配当等の額の４％相当額	≧	その適用事業年度に係る 支払利子等の額の合計額の 10％相当額

［算式］

$$\text{その適用事業年度に係る支払利子等の額の合計額の10％相当額} \times \frac{\text{その配当等の額}}{\text{適用事業年度において受ける関連法人株式等に係る配当等の額の合計額}}$$

> 上記の特例を受ける法人が通算法人である場合には、上記［前提］及び［算式］の「その適用事業年度に係る支払利子等の額の合計額」を読み替えて適用することになります（次ページ参照）。

法人税別表　別表八(一)、八(一)付表二、十八

関連法人株式等の負債利子控除額の計算（原則・特例）

～グループ通算制度を適用している法人の場合～

　グループ通算制度を適用している法人が、前ページの【特例】を受ける場合には、その［前提］及び［算式］における「その適用事業年度に係る支払利子等の額の合計額」は、次のグループ調整計算に基づき計算された金額となります（法令19④）。

《グループ調整計算》

　その適用事業年度に係る支払利子等の額の合計額は、次のイ又はロにより計算した金額となります。

※　この算式の結果、その支払利子等の額の合計額は支払利子配賦額となります。

イ　| その適用事業年度に係る支払利子等の額の合計額(A) | ＋ | 支払利子配賦額－A |

ロ　| その適用事業年度に係る支払利子等の額の合計額(A) | － | A－支払利子配賦額 |

［支払利子配賦額］

　次の算式のとおり、各通算法人の支払利子合計額を合計した金額を各通算法人の関連法人配当等の合計額の比で配賦した金額となります。

$$\text{その法人のその適用事業年度及び他の通算法人の他の事業年度に係る支払利子合計額を合計した金額} \times \frac{\text{その法人のその適用事業年度において受ける適用関連法人配当等の額の合計額}}{\text{その法人及び他の通算法人のその適用事業年度において受ける関連法人株式等に係る配当等の額の合計額}}$$

関連法人株式等の負債利子控除額の計算（特例）

　ここでは、関連法人株式等の負債利子控除額の計算の特例について、前ページの概要を容易に理解するために、次の具体例に基づき計算順序を確認していきます。

（具体例）

		通算親法人 P	通算子法人 S1	通算子法人 S2	合計
①	関連法人株式等の配当額	1,000	600	400	2,000
②	①×4%	40	24	16	80
③	支払利子等の額	300	100	100	500
④	③×10%	30	10	10	50
⑤	支払利子配賦額 （③合計額 ×①／①合計額）	250	150	100	500
⑥	支払利子等の額の合計額 （＝⑤）	250	150	100	500
⑦	⑥×10%	25	15	10	50
⑧	負債利子控除額 （②と⑦の小さいほう）	25	15	10	50
⑨	益金不算入額 （①－⑧）	975	585	390	1,950

※　⑥欄は、法令上、支払利子配賦額への加減算で算出します（前ページ）が、その計算結果は、⑤欄の支払利子配賦額となりますので省略しています。

グループ調整計算の遮断措置等

　受取配当等の益金不算入額の計算で修更正事由が生じた場合も、他のグループ調整計算を行う項目（229ページ）と同様に遮断措置があります。

　具体的には、通算法人と他の通算法人に係る支払利子合計額又は適用関連法人配当等の額の合計額が、**当初申告支払利子合計額又は当初申告関連法人配当合計額**と異なる場合には、221ページの［特例］における次の算式の適用については、当初申告支払利子合計額又は当初申告関連法人配当合計額を、支払利子合計額又は適用関連法人配当等の額の合計額とみなします（法令19⑤）。

（算式）（221、222ページ）

　　イ　支払利子等の額の合計額×10％（同条②一）

　　ロ　関連法人株式等に係る配当等の額の合計額×4％（同項二）

　　ハ　支払利子等の額の合計額(A)＋（支払利子配賦額－A）（同条④一）

　　ニ　支払利子等の額の合計額(A)－（A－支払利子配賦額）（同項二）

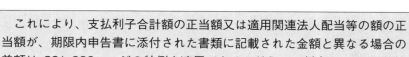

　　これにより、支払利子合計額の正当額又は適用関連法人配当等の額の正当額が、期限内申告書に添付された書類に記載された金額と異なる場合の差額は、221、222ページの特例を適用できるかどうかの判定や、その通算法人の控除負債利子額の計算に影響を及ぼさない(遮断される)ことになります。

Plus α

支払利子等の控除不足額の益金算入（法令19⑥）

　適用関連法人配当等の額の合計額が、支払利子配賦額（次のイの金額を加算し、又はロの金額を控除した金額とします。）の100分の10に相当する金額に満たない場合には、その満たない部分の金額（支払利子等の控除不足額）は、益金の額に算入します。

　イ　支払利子合計額が当初申告支払利子合計額を超える場合のその超える部分の金額

　ロ　支払利子合計額が当初申告支払利子合計額に満たない場合のその満たない部分の金額

グループ調整計算の遮断措置（例）

（具体例）　通算親法人Ｐの支払利子等の額が300から400になった場合

	（当初申告）	通算親法人 P	通算子法人 S1	通算子法人 S2	合計
①	関連法人株式等の配当額	1,000	600	400	2,000
②	①×4%	40	24	16	80
③	支払利子等の額	(400) 300	100	100	500
④	③×10%	30	10	10	50
⑤	支払利子配賦額 （③合計額 ×①／①合計額）（固定）	250	150	100	500
⑥	支払利子等の増減額	100	-	-	-
⑦	支払利子等の額の合計額 （⑤＋⑥）	(350) 250	150	100	500
⑧	⑦×10%	(35) 25	15	10	50
⑨	負債利子控除額 （②と⑧の小さいほう）	(35) 25	15	10	50
⑩	益金不算入額 （①－⑨）	(965) 975	585	390	1,950

　　上記具体例のように、通算親法人Ｐの支払利子等の額③に修更正事由が生じたとしても、通算子法人Ｓ1及びＳ2の負債利子控除額の計算は、当初申告額で行いますので、その結果に影響しません。

グループ調整計算の全体再計算

通算事業年度のいずれかについて修更正がされる場合において、通算法人が次のⅠからⅣまでのいずれかに該当するときは、負債利子控除額のグループ調整計算についても遮断措置を適用しないで全体再計算をすることになります（法令19⑤⑦）。

Ⅰ　当初申告で負債利子控除額の特例（222ページ）を適用できなかったが、正当額によると通算グループ内の全通算法人が同特例を適用できる場合
　　具体的には、支払利子合計額（遮断措置適用後）を合計した金額の10％相当額が関連法人配当等の額の合計額の４％相当額を超える場合が該当します。
Ⅱ　当初申告で同特例を適用したが正当額によると通算グループ内の全通算法人が同特例を適用できない場合
　　具体的には、当初申告時の支払利子合計額を合計した金額の10％相当額が関連法人株式等に係る配当等の額の合計額の４％相当額を超える場合が該当します。
Ⅲ　損益通算についての欠損事業年度の全体再計算（72ページ）の場合
　　具体的には、法人税法第64条の５第６項の規定の適用がある場合が該当します。
Ⅳ　税務署長が法人税の負担を不当に減少させる結果となると認める（いわゆる不当性要件）（76ページ）場合
　　具体的には、法人税法第64条の５第８項の規定の適用がある場合が該当します。

報告書 P27（負債利子控除）

企業グループ外の法人からの受取配当等の益金不算入額から控除する負債利子の額の計算の見直しに当たっては、
①　企業グループ内の各法人で計算することとなれば、例えば、親法人が資金調達をし、その資金で取得した株式を子法人が所有する場合に、企業グループ内で損益通算できるにもかかわらず、親法人が支払った負債利子の額が益金不算入額から控除できなくなるため、引き続き調整計算を行うことも考えられるが、
②　制度の簡素化及び負債利子の適正な控除の双方の観点から、負債利子控除制度を廃止した上で、負債利子の概算値として一律に適用される一定の割合を設定し、関連法人株式等に係る受取配当等の益金不算入割合を所定の割合で引き下げることも考えられる。
この場合、単体申告法人においても相当の事務負担が生ずること、グループ通算制度（仮称）を適用している法人に限る理由はないこと、から、同制度を適用していない法人も対象とすることが考えられる。

株主等の区分（保有割合）の判定

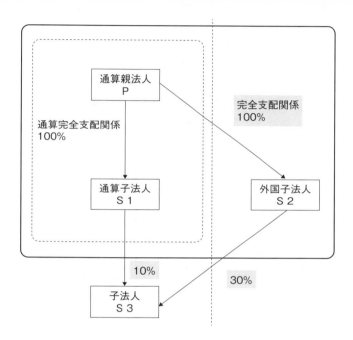

※　株式等の区分判定は、内国法人との間に<u>完全支配関係がある法人（内国法人に限りません。）</u>が有する株式又は出資の数又は金額を含めて（完全支配関係グループ全体の保有割合）行います（法23④⑥）。

⇒子法人Ｓ３株式は、関連法人株式等に該当します。

Plus α

　短期保有株式等の判定は、法人ごとに計算します（法23②）。

実務上のポイント（用語編）

完全子法人株式等	配当等の額の計算期間を通じて内国法人との間に完全支配関係がある他の内国法人（公益法人等及び人格のない社団等を除きます。）の株式又は出資で一定のものをいいます（法23⑤、法令22の2）。
関連法人株式等	内国法人が他の内国法人の発行済株式又は出資（他の内国法人が有する自己の株式又は出資を除きます。）の総数又は総額の3分の1を超える数又は金額の株式又は出資を有する一定の場合における他の内国法人の株式又は出資で、完全子法人株式等以外のものをいいます（法23④、法令22）。
非支配目的株式等	内国法人が他の内国法人の発行済株式又は出資（他の内国法人が有する自己の株式又は出資を除きます。）の総数又は総額の5％以下に相当する数又は金額の株式又は出資を有する一定の場合における他の内国法人の株式又は出資で、完全子法人株式等以外のものをいいます（法23⑥、法令22の3）。
適用事業年度	関連法人株式等について受取配当等の益金不算入制度（法23①）の適用を受ける事業年度をいいます（法令19②）。
他の事業年度	内国法人との間に通算完全支配関係がある他の通算法人の同日に終了する事業年度をいいます（法令19④）。
適用関連法人配当等の額	適用事業年度において受ける関連法人株式等に係る配当等の額で受取配当等の益金不算入制度の適用を受けるものをいいます（法令19④）。

当初申告支払利子合計額又は当初申告関連法人配当合計額	通算事業年度の期限内申告書に添付された書類にその通算事業年度に係る支払利子合計額又はその通算事業年度において受ける適用関連法人配当等の額の合計額として記載された金額をいいます（法令19⑤）。

参考（国税庁通達とQ＆A）

➢国税庁通達
２−６（通算法人に係る償還差損の額の計算）

　法人の当該事業年度における令第19条第２項《関連法人株式等に係る配当等の額から控除する利子の額》に規定する支払利子等の額（以下２−６において「支払利子等の額」という。）のうちに同項に規定する「第136条の２第１項（金銭債務の償還差損益）に規定する満たない部分の金額」（以下２−６において「償還差損の額」という。）がある場合で、当該償還差損の額に係る金銭債権の一部を令第19条第４項の他の通算法人が有しているとき及び当該事業年度のうち一部の期間について当該他の通算法人が当該償還差損の額に係る金銭債権を有しているときの当該償還差損の額に係る同項の規定により支払利子等の額から除かれる当該他の通算法人に対するものの額は、令第136条の２第１項の規定により当該事業年度の損金の額に算入すべき償還差損の額のうち当該他の通算法人が当該事業年度の期間内において有していた金銭債権の額及びその有していた期間に対応する額として計算した金額によるものとする。

➢国税庁Q＆A

> Q 53　通算制度における関連法人株式等に係る受取配当等の益金不算入額の計算
>
> 　通算制度における関連法人株式等に係る受取配当等の益金不算入額の計算はどのように行うのでしょうか。

A　関連法人株式等に係る配当等の額からその配当等の額に係る利子等の額に相当する金額を控除した金額が益金不算入額となります。

※筆者加筆：計算方法を含め具体的な取扱いは国税庁ホームページでご確認ください。

memo

2　寄附金の損金不算入（法37条）
～損金算入限度額の計算は通算法人ごと～

要点

➢ グループ通算制度では、寄附金の損金不算入額の計算については、各通算法人で行います。
➢ 損金算入限度額は、グループ通算制度の損益通算及び欠損金の通算などを適用する前の所得を基に計算します。

[概要]　　　　　　　　　　　　　　　　　　　[キーワード]

《寄附金の損金不算入制度》

　法人が各事業年度において支出した寄附金の額の合計額のうち、**損金算入限度額**を超える部分の金額は、当該法人の各事業年度において損金の額に算入されません（法37①）。

　グループ通算制度では、連結納税制度と異なり、各通算法人が損金算入限度額の計算を行います（法37①）。この損金算入限度額計算は、グループ通算制度の損益通算や欠損金の通算などを適用する前の所得を基に行います（令73②十、十一）。

　また、通算法人間の寄附は、寄附をした法人は、寄附金として全額損金不算入、寄附を受けた側は、受贈益として全額益金不算入となります（法37②、25の2①）。

（損金算入限度額の計算は、次ページ参照）

参考法令等　法令73、77の2、令2改正附則1五ロ、14
　　　　　　　改正解説 P1129、グループ概要 P8

損金算入限度額の計算

A　一般の寄附金の損金算入限度額（法37①、法令73）
　　損金算入限度額＝（イ＋ロ）×1／4

　　イ　資本基準
　　　　資本金の額及び資本準備金の額の合計額又は出資金の額（※1）
　　　　×（当期の月数 /12）×（2.5/1,000）
　　ロ　所得基準
　　　　当期の所得金額を基礎として一定の計算により算出した金額（※2）
　　　　×（2.5/100）

B　特定公益増進法人に対する寄附金の特別損金算入限度額（法37④、法令77の2）
　　損金算入限度額＝（イ＋ロ）×1／2

　　イ　資本基準
　　　　資本金の額及び資本準備金の額の合計額又は出資金の額（※1）
　　　　×（当期の月数 /12）×（3.75/1,000）
　　ロ　所得基準
　　　　当期の所得金額を基礎として一定の計算により算出した金額（※2）
　　　　×（6.25/100）

※1　令和2年度税制改正において、「資本金等の額」から改正されました。
※2　令和2年度税制改正において、「当期の所得金額」から改正されました。
　　　「一定の計算」は次ページ参照。

法人税別表　　別表十四（二）

実務上のポイント（用語編）

一定の計算 ｜ 　損金算入限度額の計算上の所得の金額について、次の規定を適用しないで計算することをいう。
イ　法人税法第64条の5第1項及び第3項《損益通算》
ロ　法人税法第64条の7第6項《欠損金の通算における他の法人に配賦した非特定欠損金額が過大であった場合の益金算入》
ハ　措置法第60条第6項《沖縄の認定法人の課税の特例における通算法人の仮装経理に基づく過大申告の場合等の益金算入》
ニ　措置法第61条第5項《国家戦略特別区域における指定法人の課税の特例における通算法人の仮装経理に基づく過大申告の場合等の益金算入》

報告書 P28、29

　寄附金の損金不算入制度について、次のように記載されています。
「企業グループ内の全ての法人の所得等を基に損金算入限度額を計算した上で、各法人の寄附金の額を基に配分するため、相当の事務負担が生ずること、企業グループ内の一法人の所得の修更正があると他の法人の損金算入限度額に波及することを考慮すると、寄附金の損金不算入額の計算については、調整計算を廃止することとし、単体申告の場合と同様に各法人の所得金額及び資本金等の額により計算することが考えられる。
　他方、純粋持ち株会社等において、企業グループを代表して寄附金を支出している場合があることを考慮すると何らかの配慮をすることも考えられる。」

参考（国税庁通達）

2－9（優先出資を発行する協同組織金融機関の資本金の額及び資本準備金の額）

　優先出資（協同組織金融機関の優先出資に関する法律第2章《優先出資の発行》の規定に基づき発行される有価証券をいう。）を発行する同法第2条第1項《定義》に規定する協同組織金融機関に係る法第37条第1項及び第4項《寄附金の損金不算入》に規定する「資本金の額及び資本準備金の額の合計額若しくは出資金の額」については、当該協同組織金融機関の出資金の額によるのではなく、協同組織金融機関の優先出資に関する法律第42条《資本金及び資本準備金》の規定による資本金の額及び資本準備金の額の合計額によるのであるから留意する。

3 貸倒引当金 (法52条⑨二)
～通算グループ法人間の金銭債権を除いて計算～

要点

> ➤ 完全支配関係がある法人に対する金銭債権は貸倒引当金の対象にはなりません。

[概要]

　一定の法人が有する金銭債権に対する貸倒引当金の繰入額については、金銭債権の区分（個別評価金銭債権及び一括評価金銭債権）に応じ一定の金額（繰入限度額）を限度に損金の額に算入します（法52①②）。この貸倒引当金は、翌事業年度に全額取り崩して、益金に算入します（法52⑩）。

　上記の繰入限度額を計算する場合には、内国法人がその内国法人との間に完全支配関係がある他の内国法人に対して有する金銭債権は、個別評価金銭債権及び一括評価金銭債権には含まれません（貸倒引当金の対象にはなりません。）（法52⑨二）。

（イメージ解説は、次ページ参照）

[キーワード]

一定の法人
(法52①②)

参考法令等　令2改正法附則1五ロ、14
改正解説 P1131、グループ概要 P8

貸倒引当金の対象範囲（イメージ）

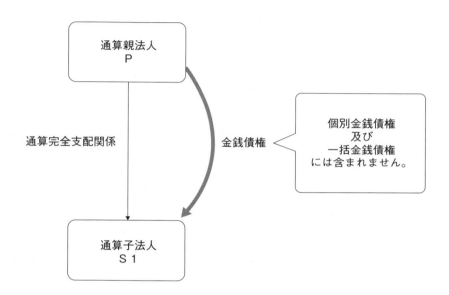

※ これまでの連結グループ（連結完全支配関係）から100％グループ（完全支配関係）に改正されたことにより、グループ通算制度においても、貸倒引当金の対象外となりました。

補足メモ✎

《単体納税制度》

　単体納税制度においても、内国法人がその内国法人との間に完全支配関係がある他の内国法人に対して有する金銭債権は、貸倒引当金の対象にはなりません。

法人税別表　別表十一（一）、十一（一の二）

実務上のポイント（用語編）

一定の法人

・中小法人（資本金の額が１億円以下の普通法人（※））、公益法人等又は協同組合等
・銀行、保険会社その他これに準ずる法人
・ファイナンスリース取引に係るリース債権を有する法人等（法52①②⑨、法令96④⑤⑨）
※　大法人（資本金の額が５億円以上の法人等）の100％グループ内の複数の大法人に発行済株式の全部を保有されている法人等は除かれます。

Plus α

　貸倒実績率の計算上は、令和２年税制改正前の制度が適用される事業年度については、改正前のまま計算することとなります（令２改正法令等附則14②）。

報告書 P29

　貸倒引当金制度について、次のように記載されています。
「①　現行制度では、連結グループ内の法人間の金銭債権を除くこととされている繰入限度額の計算については、企業グループ内の法人間での金銭の貸借を任意に行い、繰入限度額を操作することが可能となることから、引き続き企業グループ内の法人間の金銭債権を除いて計算することが適当と考えられる。
②　グループ通算制度（仮称）を適用していない企業グループとの中立性・公平性の観点から、グループ通算制度（仮称）の選択にかかわらず、グループ法人税制の対象となる企業グループではその企業グループ内の法人間の金銭債権を除いて計算することも考えられる。」

参考（国税庁通達とQ＆A）

➢国税庁通達

2－11(売掛金、貸付金に準ずる債権)

　法第52条第2項《貸倒引当金》に規定する「その他これらに準ずる金銭債権」には、基本通達11－2－16《売掛金、貸付金に準ずる債権》に掲げるもののほか、通算税効果額に係る未収金（当該法人との間に完全支配関係がある他の法人に対して有するものを除く。）が含まれる。

➢国税庁Q＆A

> Q 55　貸倒引当金の繰入限度額を計算する場合における通算法人の間の金銭債権の取扱い
>
> 　通算法人が貸倒引当金の繰入限度額を計算する場合において、その通算法人が通算グループ内の他の通算法人に対して有する金銭債権は、その計算の基礎となる金銭債権に含まれますか。

A　通算法人が通算グループ内の他の通算法人に対して有する金銭債権は、貸倒引当金の繰入限度額の計算の基礎となる金銭債権には含まれません。

> Q 56　貸倒引当金の繰入限度額を計算する場合における法定繰入率の取扱い
>
> 　P社、S1社及びS2社は同一の通算グループ内の通算法人で、P社の事業年度（自X1年4月1日至X2年3月31日）終了の時における各通算法人の資本金の額がそれぞれ以下のとおりである場合、P社、S1社及びS2社の一括評価金銭債権に係る貸倒引当金の繰入限度額の計算において、法定繰入率を用いることができるのでしょうか。
>
> 　なお、いずれの法人も適用除外事業者には該当しません。

	P社	S1社	S2社
X2年3月31日における資本金の額	1億円	8,000万円	5,000万円

A　P社、S1社及びS2社いずれの法人も、法定繰入率を用いることができます。

➢国税庁Q＆A

Q57　通算制度から離脱した通算子法人に対して金銭債権を有する場合の貸倒実績率の計算

　通算子法人Ｓ社は、5年前から通算親法人Ｐ社による通算完全支配関係がありましたが、Ｐ社の自Ｘ1年4月1日至Ｘ2年3月31日事業年度の中途（Ｘ2年1月1日）にＰ社がＳ社株式を通算グループ外の第三者に売却したため、Ｓ社はＰ社の通算グループから離脱しました。また、Ｐ社はＳ社に対して5年前から貸付金を有しています。

　この場合、Ｐ社の自Ｘ1年4月1日至Ｘ2年3月31日事業年度の一括評価金銭債権に係る貸倒実績率の計算において、そのＰ社の事業年度開始の日前3年以内に開始した各事業年度の一括評価金銭債権にＳ社に対する貸付金は含まれますか。

A　Ｓ社は、Ｐ社の事業年度開始の日前3年以内に開始した各事業年度終了の時においてＰ社との間で完全支配関係を有していますので、Ｓ社に対する貸付金はこの一括評価金銭債権に含まれません。

memo

4　資産の譲渡に係る特別控除額（措法65条の6）
～完全支配関係があるグループ全体で5,000万円限度～

要点

➤ グループ通算制度においては、グループ全体の適用合計額が年間
5,000万円が限度となります。

[概要]

　法人がその有する資産を同一の年分に譲渡した場合において、それら資産の譲渡につき「収用換地等の場合の所得の特別控除額」など、2以上の制度の適用を受けて損金の額に算入した（又はする）金額の合計額が5,000万円を超えるときは、その超える部分の金額は、損金の額に算入されません（措法65の6）。

　グループ通算制度においては、法人及び**完全支配関係法人**が2以上の制度の適用を受けて損金の額に算入する金額の合計額は、完全支配関係があるグループ全体で5,000万円が限度となります。

　　（定額控除限度額の判定については、次ページ参照）

[キーワード]

完全支配関係
法人
(措法65の6)

参考法令等　　改正解説 P1133

定額控除限度額（5,000万円）の判定

　法人による完全支配関係があるグループ全体で同一の年（暦年）で5,000万円の判定を行います。

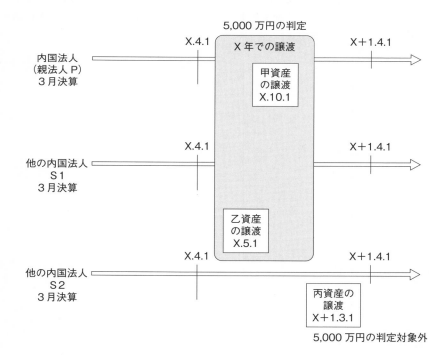

報告書 P32

報告書 P32

　収用等の場合の定額控除限度額について、次のように記載されています。
「なお、収用等の場合の定額控除限度額（5,000万円）など、事業年度を統一する必要がない制度については、グループ通算制度（仮称）の選択にかかわらず、グループ法人税制の対象となる企業グループでは一体計算を行うことも考えられる。」

実務上のポイント（用語編）

完全支配関係法人	資産の譲渡の日の属する年におけるその資産の譲渡をした法人との間に完全支配関係がある法人をいいます（措法65の6）。 ※　完全支配関係とは、法人税法第2条第12号の7の6に規定する完全支配関係をいい（7ページ）、法人による完全支配関係に限ります。

参考（国税庁通達とQ＆A）

➤国税庁通達

３－６（損金算入限度額の意義）

　措置法第65条の６《資産の譲渡に係る特別控除額の特例》に規定する5,000万円の限度額は、当該法人及び同条に規定する完全支配関係法人（以下３－６において「完全支配関係法人」という。）を一体とした年を通ずる損金算入限度額であるから、仮に、個々の完全支配関係法人の同条の適用対象となる措置法第65条の２第１項、第２項若しくは第７項《収用換地等の場合の所得の特別控除》、第65条の３第１項《特定土地区画整理事業等のために土地等を譲渡した場合の所得の特別控除》、第65条の４第１項《特定住宅地造成事業等のために土地等を譲渡した場合の所得の特別控除》、第65条の５第１項《農地保有の合理化のために農地等を譲渡した場合の所得の特別控除》又は第65条の５の２第１項《特定の長期所有土地等の所得の特別控除》の損金算入限度額の合計額が5,000万円を超えない場合であっても、当該法人及びその完全支配関係法人の措置法第65条の６に規定する調整前損金算入額が5,000万円を超えているときには、当該超える部分の金額は同条の規定の適用があることに留意する。

➤国税庁Q＆A

Q 58　収用換地等の場合における所得の特別控除の適用関係

　通算法人の所有する土地について収用換地等が行われた場合において、同一の通算グループ内の通算法人であるＳ１社及びＳ２社が所得の特別控除を選択したときの損金の額に算入される金額はどのようになりますか。

A　Ｓ１社及びＳ２社が所得の特別控除の規定の適用を受けようとする金額の合計額が同一の年（暦年）で5,000万円を超えるときは、その超える部分の金額は、Ｓ１社及びＳ２社のそれぞれにおいて損金の額に算入しないこととされています。

※筆者加筆：具体的な計算方法は国税庁ホームページでご確認ください。

5　連結納税制度との比較

連結納税制度	グループ通算制度
受取配当等の益金不算入	
連結グループ全体でグループ調整計算	通算法人ごとに個別計算 負債利子控除額の計算は特例でグループ調整計算（簡素化）
遮断措置と全体再計算　無	遮断措置と全体再計算　有 （220ページ）
寄附金の損金不算入	
連結グループ全体でグループ調整計算	通算法人ごとに個別計算 損金算入限度額は、資本金及び資本準備金の額の合計額、損益通算前の所得の金額を基礎に計算 （232ページ）
貸倒引当金	
通算法人ごとに個別計算	通算法人ごとに個別計算
連結法人間の金銭債権は対象外	100％グループ内法人間の金銭債権は対象外 （236ページ）
資産の譲渡に係る特別控除額	
連結グループ全体で年間5,000万円が限度	完全支配関係があるグループ全体で年間5,000万円が限度 （242ページ）

memo

Part Ⅵ

国際課税関係の改正

このPartⅥでは、グループ通算制度の創設に伴い国際課税関係で大きな改正が行われております３つの項目について、グループ調整計算やグループ全体での判定などを中心に、専門的で重要な要素について簡潔に解説を行っています。

1　外国税額控除（法69条）
～グループ通算制度でも国際的二重課税の排除は同じ～

要点

➤ グループ通算制度では、単体納税制度と同様に、外国税額控除について各通算法人で行います。

➤ 通算法人の控除限度額の計算については、基本的には連結納税制度と同様に、グループ調整計算を行うことになります。

[概要]

《外国税額控除》

　内国法人が外国支店等で生じた所得に対して**外国法人税**を納付することとなる場合には、原則として、控除限度額を限度として、その外国法人税を法人税の額から控除することができます（法69①）。

　グループ通算制度では、この控除限度額の計算をグループ全体で行いますが、その計算過程において通算法人ごとに計算を行います（同条⑭）。

《各通算法人の控除限度額の計算》

　各通算法人の控除限度額は、通算法人の通算事業年度の調整前控除限度額からその通算事業年度の控除限度調整額を控除した金額となります（法令148①）。

《算式》

$$\text{各通算法人の控除限度額} = \text{調整前控除限度額（次ページⅠ参照）} - \text{控除限度調整額（次ページⅡ参照）}$$

参考法令等　法令148
　　　　改正解説P1134、グループ概要P7

[キーワード]

外国法人税
（法69①）

各通算法人の控除限度額の計算

　各通算法人の控除限度額は、調整前控除限度額(Ⅰ)から控除限度調整額(Ⅱ)を控除した金額（その調整前控除限度額が零を下回る場合には、零）となります（法令148①）。

Ⅰ　調整前控除限度額の計算（算式）

　　～通算グループ内の通算法人ごとに計算します。～

各通算法人の
法人税額（※1）合計額　×　$\dfrac{\text{その通算法人の調整国外所得金額（次ページ）}}{\text{各通算法人の所得金額（※2）の合計額}}$

※1　法人税額とは、留保金課税、所得税額控除等の税額関係規定を適用しないで計算した場合の法人税額をいいます。
※2　所得金額とは、欠損金の繰越し、損益通算等を適用しないで計算した場合の所得金額をいいます。

> **補足メモ✎**
>
> 　マイナスの調整国外所得金額を有する通算法人は、マイナスの調整前控除限度額が算出されることになります（グ通2－66）。

Ⅱ　控除限度調整額の計算（算式）

　　～通算グループ内の通算法人ごとに計算します。～

(ロ)

各通算法人の
調整前控除限度額
が零を下回る場合
のその下回る額の
合計額（イ）　×　$\dfrac{\text{その通算法人の調整前控除限度額（上記Ⅰ）}（\text{零を超えるものに限ります。}）}{\text{各通算法人の調整前控除限度額}（\text{零を超えるものに限ります。}）\text{の合計額}}$

　これは、マイナスの調整国外所得金額を有する通算法人が存在する場合には、そのマイナスの調整国外所得金額に対応したマイナスの調整前控除限度額（上記算式のイ）を、各通算法人にプラスの調整前控除限度額の比（上記算式のロ）で配分するものです。

法人税別表　別表六(二)、六(二)付表1～6、六(二の二)、六(三)、六(三)付表1～3、六(四)～(五)、十八

実務上のポイント（用語編）

外国法人税	外国の法令に基づき外国又はその地方公共団体により法人の所得を課税標準として課される税をいいます（法69①、法令141①）。例えば、超過利潤税その他法人の所得の特定の部分を課税標準として課される税などが含まれます。
調整国外所得金額	**調整前国外所得金額 − 調整金額（法令148②三）** ※　調整前国外所得金額が零を下回る場合には、その調整前国外所得金額。 調整前国外所得金額（法令148④）＝（国外所得金額（※１）−非課税国外所得金額）（※２）＋**加算調整額** ※１　国外所得金額は、欠損金の繰越し、損益通算等を適用しないで計算した場合の国外所得金額をいいます。 ※２　（国外所得金額 − 非課税国外所得金額）は 加算前国外所得金額となります。 加算調整額（法令148⑤） ＝ 各通算法人の非課税国外所得金額が零を下回る場合のその下回る金額 × その通算法人の加算前国外所得金額（零を超えるものに限ります。） ÷ 各通算法人の加算前国外所得金額（零を超えるものに限ります。）の合計額 調整金額（法令148⑥） ＝ 各通算法人の調整前国外所得金額の合計額が所得金額の合計額の90％を超える部分の金額 × その通算法人の加算前国外所得金額（零を超えるものに限ります。） ÷ 各通算法人の加算前国外所得金額（零を超えるものに限ります。）の合計額

Plus α

➤ 税額控除と損金算入の選択

　外国法人税について、外国税額控除を適用するか、損金算入を適用するかは、通算グループ全体として選択することになります（法41②、グ通2－10）（連結納税制度と同じ。）。

➤ 通知義務

　期限内申告書に記載された控除限度額の計算要素である法人税額、所得金額、非課税国外所得金額又は加算前国外所得金額が、その後において変動した場合には、他の通算法人にその変動後の金額を通知しなければなりません（法令148⑨）。

通算法人の控除限度額の計算（具体例）

　ここから具体例に基づき251、252ページで説明した各計算式の内容及びその計算手順を確認していきます。

（具体例）

	通算親法人Ｐ	通算子法人Ｓ１	通算子法人Ｓ２	計
所得金額	2,000	1,000	0	3,000
国外所得金額	△300	500	1,000	1,200
法人税の額	400	200	0	600
外国法人税の額	0	75	200	275

※　控除税額の計算には、この表のように、「所得金額、国外所得金額及び外国法人税の額」の通算グループの要素が必要です。

Ⅰ　各通算法人の控除限度額（250ページ）
　　　調整前控除限度額　－　控除限度調整額

Ⅱ　調整前控除限度額の計算

$$\text{各通算法人の法人税の額の合計額} \times \frac{\text{その通算法人の調整国外所得金額（次のⅢ）}}{\text{各通算法人の所得金額の合計額}}$$

Ⅲ　調整国外所得金額の計算
　　　調整前国外所得金額（次のⅣ）　－　調整金額（次のⅥ）

Ⅳ　調整前国外所得金額の計算
　　　国外所得金額　－　非課税国外所得金額　＋　加算調整額（次のⅤ）

Ⅴ　加算調整額の計算

$$\text{各通算法人の非課税国外所得金額が零を下回る場合のその下回る金額} \times \frac{\text{その通算法人の加算前国外所得金額（零を超えるものに限ります。）}}{\text{各通算法人の加算前国外所得金額（零を超えるものに限ります。）の合計額}}$$

VI 調整金額の計算

$$各通算法人の調整前国外所得金額の合計額が所得金額の合計額の90％を超える部分の金額 \times \frac{その通算法人の加算前国外所得金額（零を超えるものに限ります。）}{各通算法人の加算前国外所得金額（零を超えるものに限ります。）の合計額}$$

VII 控除限度調整額

$$各通算法人の調整前控除限度額が零を下回る場合のその下回る金額 \times \frac{その通算法人の調整前控除限度額（零を超えるものに限ります。）}{各通算法人の調整前控除限度額（零を超えるものに限ります。）の合計額}$$

○ この通算グループの各通算法人の控除限度額の計算は次のとおりとなります。

	P	S1	S2	計
所得金額	2,000	1,000	0	3,000
国外所得金額	△300	500	1,000	1,200
加算調整額 （前ページV）	0	0	0	0
調整前国外所得金額 （前ページIV）	△300	500	1,000	1,200
調整金額 （上記VI）	\multicolumn — 1,200（調整前国外所得金額の合計額）＜2,700（所得金額の90％）			
調整国外所得金額 （前ページIII）	△300	500	1,000	1,200
法人税の額	400	200	0	600
外国法人税の額	0	75	200	275
調整前控除限度額 （前ページII）	600×△300/ 3,000＝△60	600×500/ 3,000＝100	600×1,000/ 3,000＝200	240
控除限度調整額 （上記VII）	—	60×100/300 ＝20	60×200/300 ＝40	60
控除限度額 （前ページI）	0	80	160	240
税額控除額	0	75＜80 ⇒75	200＞160 ⇒160	235

申告期限後における当初申告税額の誤りの調整方法

> 通算法人の外国税額控除を適用した事業年度における外国税額控除額の計算の基礎となる各種金額に変動が生ずることとなった場合には、各通算法人はあるべき外国税額控除額の再計算を行う必要があります。ただし、その再計算の結果、当初申告における外国税額控除額と再計算後のあるべき外国税額控除額との間に過不足額が生ずることとなったとしても、外国税額控除の適用を受けた過去の事業年度の外国税額控除額は、当初申告における外国税額控除額で固定されることになります。これにより、その過去の事業年度における修正申告又は更正は不要とされます。その過不足額については、進行事業年度の法人税の額から控除し、又は加算することにより調整を行うこととされています。
>
> ～改正解説 P1144より引用～

　具体的には、納税者及び税務当局の事務負担の軽減を図るための措置として、次の措置が導入されています。

（遮断措置）

内　　　容	該当ページ
Ⅰ　当初申告税額控除額固定措置	257
税額控除額と当初申告税額控除額の差額に関する進行事業年度での調整	
Ⅱ　進行事業年度控除措置	259
Ⅲ　進行事業年度加算措置	260
Ⅳ　当初申告税額控除不足額相当額等固定措置	261

（遮断措置不適用）～全体再計算～

内　　　容	該当ページ
当初申告税額控除額固定措置又は当初申告税額不足額相当額等固定措置の不適用	
Ⅴ　当初申告税額控除額固定解除措置（上記Ⅰと対応）	262
Ⅵ　当初申告税額控除不足額相当額等固定解除措置（上記Ⅳと対応）	262

Ⅰ　当初申告税額控除額固定措置

　通算法人が外国税額控除の適用を受ける場合において、税額控除額（※1）が、当初申告税額控除額（※2）と異なるときは、当初申告税額控除額を税額控除額とみなします（法69⑮）。

　※1　適用事業年度における外国税額控除をされるべき金額をいいます。

　※2　その適用事業年度の期限内申告書に添付された書類にその適用事業年度の税額控除額として記載された金額をいいます。

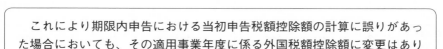

　これにより期限内申告における当初申告税額控除額の計算に誤りがあった場合においても、その適用事業年度に係る外国税額控除額に変更はありませんので、その適用事業年度に係る修更正を行う必要はありません。

※　修更正事由が生じた法人においても、修更正対象となる適用事業年度において外国税額控除の計算に係る修更正は行いません。

　この固定措置の内容の理解を容易にするために、次ページにおいて具体例に基づき確認していきます。

　例えば、次の事実（次表右「確定」欄）に基づき外国税額控除の適用を受けた事業年度において、通算親法人Ｐの所得金額等に増額の事実（次表左「訂正」欄）が生じている場合

状況区分	通算親法人 P 訂正	通算親法人 P 確定	通算子法人 S1 訂正	通算子法人 S1 確定	通算子法人 S2 訂正	通算子法人 S2 確定	計 訂正	計 確定
所得金額	2,300	2,000		1,000		0	3,300	3,000
国外所得金額	0	△300		500		1,000	1,500	1,200
法人税の額	460	400		200		0	660	600
外国法人税の額	0	0		75		200		275
調整前控除限度額	0	△60		100		200		300
控除限度調整額		－	0	20	0	40		60
控除限度額		0	100	80	200	160		240
税額控除額		0		75	200	160		235
控除超過額 控除余裕額			余裕額 25	余裕額 5		超過額 0		40

※　太枠線の中の数値については、251、252ページの算式に基づき計算したものです。

➤　通算子法人Ｓ１は、余裕額のみの変動（5→25）であり、税額控除額が変わりませんので固定措置の適用はありません。

➤　通算子法人Ｓ２は、税額控除額の不足分40が生じますが、税額控除額は当初申告額（160）で固定し、不足分については進行期で調整を行います。

税額控除額と当初申告税額控除額の差額に関する進行事業年度における調整

当初申告税額控除額固定措置（257ページ）の適用がある場合には、適用事業年度に係る修更正を行う必要はありませんが、その場合、税額控除額と当初申告税額控除額との差額については、進行事業年度における法人税から控除し、又は加算することにより、その調整を行うことになります。具体的には、次のとおりです。

Ⅱ 進行事業年度控除措置（法69⑰）

通算法人（通算法人であった内国法人を含みます。）の各事業年度（以下「**対象事業年度**」といいます。）において、**過去適用事業年度における税額控除額（又は調整後税額控除額）**が、**過去当初申告税額控除額を超える場合**には、**税額控除不足額相当額**をその対象事業年度の法人税額から控除することになります（法69⑰）。

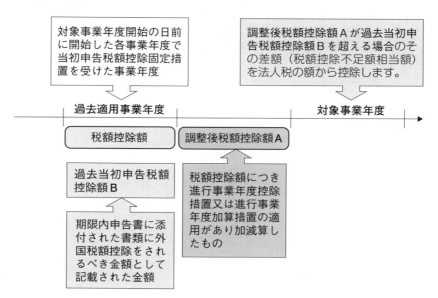

Ⅲ 進行事業年度加算措置（法69⑱）

　通算法人（通算法人であった内国法人を含みます。）の各事業年度（以下「**対象事業年度**」といいます。）において、**過去当初申告税額控除額が税額控除額（又は調整後税額控除額）を超える場合**には、法人税の額に、**税額控除超過額相当額**を加算することになります（法69⑱）。

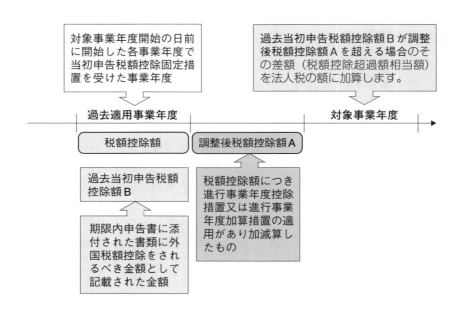

Ⅳ　対象事業年度における当初申告税額控除不足額相当額又は当初申告税額控除超過額相当額の固定措置（法69⑲）

　進行事業年度控除措置（259ページ）又は進行事業年度加算措置（前ページ）の適用がある場合において、対象事業年度の税額控除不足額相当額又は税額控除超過額相当額が、「**当初申告税額控除不足額相当額又は当初申告税額控除超過額相当額**」（※）と異なるときは、当初申告税額控除不足額相当額又は当初申告税額控除超過額相当額を、税額控除不足額相当額又は税額控除超過額相当額とみなします（法69⑲）。

（※）　「当初申告税額控除不足額相当額又は当初申告税額控除超過額相当額」とは、その対象事業年度の期限内申告書に添付された書類にその対象事業年度の税額控除不足額相当額又は税額控除超過額相当額として記載された金額をいいます。

　これにより対象事業年度に係る期限内申告書の当初申告税額控除不足額相当額又は当初申告税額控除超過額相当額の計算に誤りがあった場合においても、その対象事業年度に係る修更正を行う必要はありません。

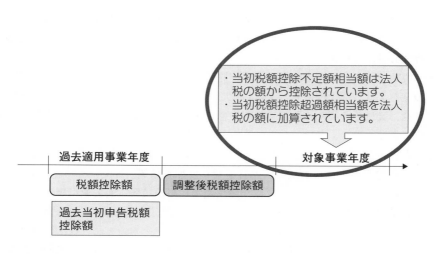

・当初税額控除不足額相当額は法人税の額から控除されています。
・当初税額控除超過額相当額を法人税の額に加算されています。

過去適用事業年度　　　　　　　　　　対象事業年度

税額控除額　　調整後税額控除額

過去当初申告税額控除額

※　各用語の意義は、前ページ参照。

Ⅴ　当初申告税額控除額固定解除措置（法69⑯）

　通算法人の適用事業年度について、次の１から３までに掲げる場合のいずれかに該当するときは、当初申告税額控除額固定措置（257ページ）は適用されませんので、**全体再計算及び修更正を行う必要があります**（法69⑯）。

1　通算法人又は他の通算法人が、適用事業年度における税額控除額の計算の基礎となる事実の全部又は一部を隠蔽し、又は仮装して税額控除額を増加させることによりその法人税の負担を減少させ、又は減少させようとする場合

2　法人税法第64条の５第８項（損益通算）の規定の適用がある場合

3　地方法人税法における外国税額控除において、通算法人又は他の通算法人が、適用課税事業年度における税額控除額の計算の基礎となる事実の全部又は一部を隠蔽し、又は仮装して税額控除額を増加させることによりその地方法人税の負担を減少させ、又は減少させようとする場合

Ⅵ　対象事業年度における当初申告税額控除不足額相当額又は当初申告税額控除超過額相当額の固定措置の不適用（法69⑳）

　通算法人の対象事業年度について、次の１から３までに掲げる場合のいずれかに該当するときは、その対象事業年度については、当初申告税額控除不足額相当額等固定措置（前ページ）は適用されませんので、**全体再計算及び修更正を行う必要があります**（法69⑳）。

1　税額控除不足額相当額又は税額控除超過額相当額の計算の基礎となる事実の全部又は一部を隠蔽し、又は仮装して、その税額控除不足額相当額を増加させ、又はその税額控除超過額相当額を減少させることによりその法人税の負担を減少させ、又は減少させようとする場合

2　進行事業年度控除措置（259ページ）の適用により法人税の額から控除した税額控除不足額相当額又は進行事業年度加算措置（260ページ）の適用により法人税の額に加算した税額控除超過額相当額に係る過去適用事業年度について当初申告税額控除額固定解除措置（上記Ⅴ）の適用がある場合

3　地方法人税法における外国税額控除において、その地方法人税法における外国税額控除に係る税額控除不足額相当額又は税額控除超過額相当額の計算

の基礎となる事実の全部又は一部を隠蔽し、又は仮装して、その税額控除不足額相当額を増加させ、又はその税額控除超過額相当額を減少させることによりその地方法人税の負担を減少させ、又は減少させようとする場合に該当することにより、地方法人税法における外国税額控除に係る当初申告税額控除額固定解除措置（前ページのⅤ）の適用がある場合

補足メモ✎

➣ **進行事業年度控除措置又は進行事業年度加算措置の適用手続**

　　進行事業年度において修正処理を行うためには、それぞれ次の手続が必要となります。

・税額控除不足額相当額を法人税の額から控除する場合（259ページ）には、確定申告書への明細書の添付と、控除対象外国法人税の額を課されたことを証する書類等の一定の書類の保存が必要です（法69㉕㉗㉘、法規30の2〜30の4、令2改正法規附則8）。

・税額控除超過額相当額を法人税の額に加算する場合（260ページ）には、確定申告書への明細書の添付が必要です（法69㉙）。

実務上のポイント（通達編）

2－67（進行年度調整規定の適用に係る対象事業年度の意義等）

　法第69条第17項又は第18項《外国税額の控除》の規定（以下2－67において「進行年度調整規定」という。）は、同条第17項に規定する通算法人（以下2－68までにおいて「通算法人」という。）の同項に規定する過去適用事業年度（以下2－68までにおいて「過去適用事業年度」という。）に係る期限内申告書に記載された同項に規定する税額控除額が誤っていたことが当該期限内申告書の法定申告期限後に判明した場合に適用があるのであるが、当該進行年度調整規定の適用に当たっては、それぞれ次のとおりとする。

(1)　当該判明した日（過去適用事業年度に係る修正申告書の提出又は更正が必要となる場合には、当該過去適用事業年度に係る修正申告書の提出又は更正が行われた日。(2)において同じ。）の属する当該通算法人の事業年度を同項に規定する対象事業年度（以下2－67において「対象事業年度」という。）として、当該進行年度調整規定を適用する。

(2)　当該判明した日が過去適用事業年度に係る期限内申告書の法定申告期限から5年（当該期限内申告書に係る修正申告書の提出又は更正が次に掲げる規定に基づき行われる場合には、それぞれ次に掲げる期間）を経過した日以後である場合には、当該進行年度調整規定の適用はない。

　イ　通則法第70条第3項《国税の更正、決定等の期間制限》の規定　同項の更正の請求書の提出があった日から6月

　ロ　同条第5項（第1号に係る部分に限る。）又は措置法第66条の4第27項《国外関連者との取引に係る課税の特例》（措置法第67条の18第13項《国外所得金額の計算の特例》において準用する場合を含む。）の規定　当該過去適用事業年度に係る期限内申告書の法定申告期限から7年

(注)　(2)の取扱いは、法第69条第21項又は第22項の規定により同条第17項又は第18項の規定を準用する場合においても、同様とする。

［解説（ポイント）］

1　進行年度調整規定の基本的考え方

　進行年度調整規定（259、260ページ）とは、外国税額控除におけるグループ調整計算の適用を受けた事業年度の期限内申告につき修更正事由が生じた場合には、当該修更正事由が生じている事業年度ではなく、進行事業年度においてその増減した金額の調整を行う旨の規定です。

2　進行年度調整規定の具体的な取扱いに係る疑問点
(1)　進行事業年度とは具体的にはいつの日の属する事業年度をいうのか。
(2)　過去適用事業年度からの経過期間の制限はあるのか。

3　上記疑問点に対する考え方
(1)　上記2(1)に対する考え方として本通達の(1)が定められています。ここでは、まず、進行事業年度調整規定が「判明した場合」に適用されるものであるとの本文の定めに対応して「判明した日」の属する事業年度を対象事業年度とすることが基本となることが明らかにされています。他方、納税者による修正申告書の提出や税務当局による更正処分といった具体的な行為を通じてその「判明した日」が外形的・客観的に明らかにされるような場合には、具体的な行為が行われた日を「判明した日」として、その「判明した日」の属する事業年度を対象事業年度として、進行年度調整規定を適用することとされています。

(2)　上記2(2)に対する考え方として本通達の(2)が定められています。ここでは、通則法の除斥期間の制限があることが明らかにされています。具体的には、原則として、判明した日において、過去適用事業年度に係る期限内申告書の法定申告期限から5年（通則法70①）を経過していないことが要件とされています。

　　ただし、過去適用事業年度に係る期限内申告書に係る修正申告書の提出又は更正が一定の規定に基づき行われる場合には、判明した日において、本通達の(2)イ又はロに定められた期間を経過していないことが要件とされています。

参考（国税庁通達）

2－63（通算法人の国外事業所等帰属所得に係る所得の金額の計算における共通費用の額の配賦）

　通算法人に係る基本通達16－3－12《国外事業所等帰属所得に係る所得の金額の計算における共通費用の額の配賦》の取扱いの適用に当たっては、同通達の（注）1中「第142条第1項《控除限度額の計算》」とあるのは「第148条第2項第3号《通算法人に係る控除限度額の計算》」と読み替える。

2－64（通算法人のその他の国外源泉所得に係る所得の金額の計算における共通費用の額の配賦）

　通算法人に係る基本通達16－3－19の3《その他の国外源泉所得に係る所得の金額の計算における共通費用の額の配賦》の取扱いの適用に当たっては、同通達の（注）1中「第142条第1項《控除限度額の計算》」とあるのは「第148条第2項第3号《通算法人に係る控除限度額の計算》」と読み替える。

2－65（高率負担部分の判定をする場合の総収入金額の計算における投資簿価修正が行われた通算子法人株式の帳簿価額の取扱い）

　令第142条の2第2項第1号《外国税額控除の対象とならない外国法人税の額》及び規則第29条第1項第1号《外国税額控除の対象とならない外国法人税の額の計算に係る総収入金額等》に規定する当該資産の譲渡の直前の帳簿価額は、当該資産の譲渡が令第119条の3第5項《移動平均法を適用する有価証券について評価換え等があった場合の一単位当たりの帳簿価額の算出の特例》の他の通算法人の株式の通算終了事由が生ずる基因となった譲渡に該当するときには、同項又は令第119条の4第1項《評価換え等があった場合の総平均法の適用の特例》の規定により算出される金額にその譲渡をした株式の数を乗じた金額となることに留意する。

2－66（欠損金額を有する通算法人等の調整前控除限度額）

　令第148条第2項《通算法人に係る控除限度額の計算》に規定する「調整前控除限度額」とは、同項第1号の通算法人及び他の通算法人の法人税額の合計額に、同項第2号の当該通算法人及び他の通算法人の損益通算前所得金額（同条第3項の規定により計算した所得の金額をいう。）の合計額のうちに当該通算法人の調整国外所得金額（同条第2項第3号に規定する調整国外所得金額をいう。以下2－66において同じ。）の占める割合を乗じて計算した金額をいうのであるから、例えば、欠損金額を有する通算法人であっても、調整国外所得金額がある場合には、調整前控除限度額の計算を行うことに留意する。

（注）　マイナスの調整国外所得金額を有する通算法人であっても、本文の調整前控除限度額の計算を行う必要があり、この場合に算出される調整前控除限度額は、

マイナスの金額となるのであるから留意する。

2－68（通算法人の過去適用事業年度に係る外国法人税額に増額等があった場合又は所得率等が異動した場合の取扱い）

通算法人に係る法第69条第17項（同条第22項において準用する場合を含む。）《外国税額の控除》の規定の適用に当たっては、それぞれ次のことに留意する。

⑴　基本通達16－3－26《外国法人税額に増額等があった場合》の取扱いの適用に当たっては、同通達中「及び第10項」とあるのは「、第10項及び第17項（同条第22項において準用する場合を含む。）」と読み替える。

⑵　基本通達16－3－30《所得率等が変動した場合の取扱い》の取扱いの適用に当たっては、同通達の本文中「第3項まで」とあるのは「第3項まで及び第17項（同条第22項において準用する場合を含む。）」と読み替える。

（注）　⑵の取扱いは、通算法人が過去適用事業年度につき法第69条第18項（同条第22項において準用する場合を含む。）の規定の適用を受ける場合についても、同様とする。

参考（国税庁Q＆A）

Q62   通算法人に係る外国税額の控除の計算

同一の通算グループ内の法人であるA社、B社及びC社の所得金額、国外所得金額、法人税の額及び外国法人税の額はそれぞれ次のとおりとなっています。なお、いずれの法人も非課税国外所得金額はありません。

この場合、A社、B社及びC社の外国税額の控除の計算はそれぞれどのように行うこととなりますか。

	A社	B社	C社	合計
所得金額	0	200	400	600
国外所得金額	200	100	▲60	240
法人税の額	0	40	80	120
外国法人税の額	40	15	0	55

A   通算法人の外国税額の控除の計算は、通算グループの要素（各通算法人の所得金額、国外所得金額及び法人税の額の合計額）を用いて行います。

本件については、A社、B社及びC社の控除可能額は、それぞれ32、15及び零となります。

	A社	B社	C社	合計
所得金額	0	200	400	600
国外所得金額	200	100	▲60	240
調整前国外所得金額	200	100	▲60	240
調整金額	240＜540（＝600×90％）			
調整国外所得金額	200	100	▲60	240
法人税の額	0	40	80	120
外国法人税の額	40	15	0	55
調整前控除限度額	120×200/600 ＝40	120×100/600 ＝20	120×▲60/600 ＝▲12	48
控除限度調整額	12×40/60＝8	12×20/60＝4	－	12
控除限度額	40－8＝32	20－4＝16	0	48
税額控除額	32＜40　⇒32	16＞15　⇒15	0	47

Q63　外国税額の控除における通算制度開始又は加入前から有する控除余裕額、控除限度超過額の取扱い

(1)　通算法人の外国税額の控除額の計算において、内国法人の通算制度を適用する事業年度開始の日前3年以内に開始した各事業年度で生じた控除余裕額又は控除限度超過額は、通算制度を適用する事業年度に繰り越すことができますか。

(2)　また、その事業年度開始の日前3年以内に開始した各事業年度に連結事業年度に該当するものがあった場合には、連結事業年度の個別控除余裕額又は個別控除限度超過額はどのように取り扱われますか。

A　(1)　その控除余裕額又は控除限度超過額は、通算制度を適用する事業年度に繰り越すことができます。

　　(2)　前3年以内に開始した連結事業年度の個別控除余裕額又は個別控除限度超過額は、その連結事業年度の期間に対応する各事業年度の控除余裕額又は控除限度超過額とみなされます。

Q64　通算法人の外国税額の控除額に変動が生じた場合の外国税額の控除の計算

同一の通算グループ内の法人であるA社、B社及びC社の各事業年度の期限内申告における外国税額の控除の計算は次のとおりとなっています。

(1)　自X1年4月1日至X2年3月31日事業年度（以下「前々期」といいます。）

	A社	B社	C社	合計
所得金額	0	200	400	600
調整前国外所得金額	200	100	▲60	240
調整金額	0　（240＜540（600×90％））			
調整国外所得金額	200	100	▲60	240
法人税の額	0	40	80	120
外国法人税の額	40	15	0	55
調整前控除限度額	120×200／600＝40	120×100／600＝20	120×▲60／600＝▲12	48
控除限度調整額	12×40／60＝8	12×20／60＝4	—	12
控除限度額	40－8＝32	20－4＝16	0	48
税額控除額	32　（32＜40）	15　（16＞15）	0	
翌期に繰り越す控除限度超過額	8	—	—	
翌期に繰り越す控除余裕額	—	1	—	

(2)　自Ｘ２年４月１日至Ｘ３年３月31日事業年度（以下「前期」といいます。）

	A社	B社	C社	合計
所得金額	0	200	400	600
調整前国外所得金額	200	100	0	300
調整金額	0（300＜540（600×90％））			
調整国外所得金額	200	100	0	300
法人税の額	0	40	80	120
外国法人税の額	35	30	0	65
控除限度超過額	8	－	－	
控除余裕額	－	1	－	
調整前控除限度額	120×200／600 ＝40	120×100／600 ＝20	120×0／600 ＝0	60
控除限度調整額	－	－	－	
控除限度額	40	20	0	60
税額控除額	40	21	－	
翌期に繰り越す控除限度超過額	3	9	－	
翌期に繰り越す控除余裕額	－	－	－	

　その後、Ｘ３年12月１日にＣ社の所得金額及び法人税の額につき税務調査に基づく更正が行われ、これに伴い前々期の外国税額の控除の計算における所得金額、調整前国外所得金額、法人税の額が次のとおり変動することとなりました。

Ｘ２年３月期 （前々期）	Ｘ３年３月期 （前期）	Ｘ４年３月期 （当期）▲
		更正のあった日 （Ｘ３年12月１日）

	A社	B社	C社		合計	
			期限内申告	更正後	期限内申告	更正後
所得金額	0	200	400	460	600	660
調整前国外所得金額	200	100	▲60	0	240	300
法人税の額	0	40	80	92	120	132
外国法人税の額	40	15	0	0	55	55

　通算制度における外国税額の控除では、修更正事由があった場合でも、そのことによる金額の異動は進行事業年度に調整すればよく、修正申告等を行う必要はないそうですが、この場合、A社、B社及びC社の計算はそれぞれ具体的にどのように行うこととなりますか。

　なお、いずれの法人も前々期及び前期において非課税国外所得金額はありません。

A　期限内申告における税額控除額（法人税法第69条第1項から第3項までの規定による控除をされるべき金額をいいます。以下同じです。）と再計算後の税額控除額との間に過不足額が生じることとなる場合であっても、税額控除額は期限内申告の金額で固定することとされており、修正申告等を行う必要はありません。期限内申告の金額との過不足額はいわゆる進行事業年度（修更正を行う場合には原則としてその修更正のあった日の属する事業年度）で調整することとなります。

　本件については、A社は、進行事業年度（当期）において、前々期の税額控除額の不足額8を法人税の額から控除するとともに、前期の税額控除額の超過額5を法人税の額に加算することとなります。また、B社は、進行事業年度（当期）において、前期の税額控除額の不足額4を法人税の額から控除することとなります。

2　外国子会社配当益金不算入（法23条の２）
～外国子会社の判定は通算グループ全体～

要点

> ➢ グループ通算制度では、益金不算入額の計算について、単体納税制度
> と同様に各通算法人で行いますが、外国子会社の判定については、通
> 算グループ全体で行うことになります。

［概要］

《制度の概要》

　内国法人が外国子会社から受ける**剰余金の配当等の額**が
ある場合には、その剰余金の配当等の額のうち、次の算式
により計算した金額（益金不算入額）は、益金の額に算入
されません（法23の２）。

《算式》

益金不算入額　＝
　　剰余金の配当等の額　－　（剰余金の配当等の額×５％）

　グループ通算制度では、益金不算入額の計算は各通算法
人で行いますが、外国子会社の判定について、25％以上の
持株割合及び６か月の保有期間であるかどうかは、通算グ
ループ全体で行います（法令22の４①）。

（具体的な判定は、次ページ参照）

（注）　租税条約の適用がある場合の特例もあります（274
　　　ページ参照）。

参考法令等　法23①一、法令22の４
　　　　　　　改正解説 P1166

［キーワード］

剰余金の配当
等の額
（法23の2①）

外国子会社の判定（Ⅰ）

外国子会社の判定は、通算グループ全体で行います。

外国子会社の要件

　次の25%持株要件と6か月保有要件を満たすものが、本制度における外国子会社となります。

・25%持株要件（次のいずれかの割合が25%以上）

　①　その外国法人の発行済株式等のうちその内国法人が保有しているその株式等の占める割合（法令22の4①一）

　②　その外国法人の発行済株式等のうちの議決権のある株式等のうちにその内国法人が保有しているその株式等の占める割合（法令22の4①二）

・6か月保有要件

　　上記の状態が外国法人から受ける剰余金の配当等の額の支払義務が確定する日以前6か月以上継続していること（グ通2－7）

	外国法人　X社	
	25%持株要件	6か月保有要件
通算親法人　P社	持株割合　20%	6か月以上
通算子法人　S1社	持株割合　5%	6か月以上
通算子法人　S2社	持株割合　5%	6か月以上
計	30%	6か月以上

※　通算グループ全体で持株の保有割合が30%ですので外国子会社に該当します。
　（仮に、単体納税の場合には、いずれの法人も該当しません。）

外国子会社の判定（Ⅱ）

> 租税条約で定められている軽減割合による判定は、各通算法人で行います。

外国子会社の要件（租税条約の特例）

　通算グループ全体で保有するその外国法人の株式の保有割合が25％未満の場合であっても、その外国法人が租税条約締約国の居住者である法人であり、通算法人単独での保有割合が**租税条約の二重課税排除条項**で軽減された割合以上である場合には、その外国法人は、外国子会社に該当します（法令22の4⑦、グ通2-8）。

アメリカの場合、10％（日米租税条約23①(b)）

	外国法人　X社	
	25％持株要件	6か月保有要件
通算親法人　P社	持株割合　10％	6か月以上
通算子法人　S1社	持株割合　5％	6か月以上
通算子法人　S2社	持株割合　5％	6か月以上
計	20％	6か月以上

※　通算グループ全体での持株割合が20％ですが、通算親法人P社の単独での持株割合（10％）が日米租税条約で軽減された割合10％となっておりますので、外国子会社に該当します。

実務上のポイント（用語編）

剰余金の配当 等の額	・ 剰余金の配当（株式等に係るものに限るものとし、資本剰余金の額の減少に伴うもの並びに分割型分割によるもの及び株式分配を除く。） ・ 利益の配当（分割型分割によるもの及び株式分配を除く。） ・ 剰余金の分配（出資に係るものに限る。）の額 （法23の２①、28①一）

> **Plus α**
>
> 租税条約の二重課税排除条項により株式等の保有割合が軽減されている国
>
> ・ アメリカ【10%】（日米租税条約23①(b)）
> ・ フランス【15%】（日仏租税条約23②(b)）
> ・ ブラジル【10%】（日伯租税条約22(2)(a)(ⅱ)）
> ・ オーストラリア【10%】（日豪租税条約25①(b)）
> ・ オランダ【10%】（日蘭租税条約22②）
> ・ カザフスタン【10%】（日カザフスタン租税条約22②(b)）
>
> （出典） 国税庁「グループ通算制度に関する Q&A」問54（令和２年８月改訂）

参考（国税庁通達）

2−7（外国子会社の要件のうち「その状態が継続していること」の意義）

　令第22条の4第1項《外国子会社の要件等》の剰余金の配当等の額の支払義務が確定する日以前6月以上継続しているかどうかを判定する場合において、同項第1号の通算法人である内国法人と同号の他の通算法人との間に当該剰余金の配当等の額の支払義務が確定する日以前6月の期間（以下2−8において「株式保有期間」という。）、通算完全支配関係が継続していたかどうかは問わないことに留意する。

2−8（租税条約の適用がある場合の外国子会社の判定）

　通算法人に係る法第23条の2第1項《外国子会社から受ける配当等の益金不算入》に規定する外国子会社の判定において、その判定の対象となる外国法人が租税条約の二重課税排除条項（令第22条の4第7項《外国子会社の要件等》に規定する「二重課税排除条項」をいう。以下2−8において同じ。）により当該外国法人の法第23条の2第1項に規定する発行済株式又は出資（その有する自己の株式又は出資を除く。）の総数又は総額に係る保有割合が軽減されている相手国の外国法人である場合には、当該通算法人及び他の通算法人が保有している当該外国法人の発行済株式又は出資の数又は金額を合計した数又は金額の保有割合が25％未満であっても、当該通算法人が当該租税条約の二重課税排除条項に定める保有割合以上の株式又は出資を株式保有期間を通じて保有するときは、当該通算法人については同項の規定の適用があることに留意する。

参考（国税庁Q＆A）

Q54　外国子会社から受ける配当等の益金不算入規定の適用がある外国子会社の判定

　通算法人が外国法人から剰余金の配当等を受ける場合において、外国子会社から受ける配当等の益金不算入規定が適用となる外国子会社の判定は、どのようになりますか。

　なお、通算法人がその外国法人の株式をその外国法人から受ける剰余金の配当等の支払義務が確定する日以前6月以上継続保有していることを前提とします。

A　通算法人が外国法人から剰余金の配当等を受ける場合において、外国子会社から受ける配当等の益金不算入規定の適用がある外国子会社の判定は、原則として、通算グループ全体で保有するその外国法人の株式の保有割合が25％以上であるか否かにより行います。

　ただし、通算グループ全体で保有するその外国法人の株式の保有割合が25％未満の場合であっても、その外国法人が租税条約締約国の居住者である法人であり、通算法人単独での保有割合が租税条約の二重課税排除条項で軽減された割合以上である場合には、その外国法人は、外国子会社から受ける配当等の益金不算入規定の適用がある外国子会社に該当し、その通算法人は、当該規定を適用することができます。

判定チャート

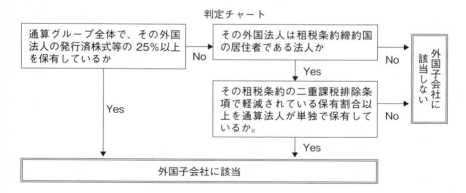

3　過大支払利子税制（措法66条の５の２）
～適用免除基準の判定は通算グループ全体で～

要点

➤ グループ通算制度では、損金不算入額の計算について、単体納税制度
　と同様に各通算法人で行いますが、適用免除基準の判定については、
　通算グループ全体で行うことになります。

［概要］

《過大利子支払税制》

　対象支払利子等の額の合計額から**控除対象受取利子等合
計額**を控除した残額（以下「対象純支払利子等の額」とい
います。）が**調整所得金額**の20％に相当する金額を超える場
合には、その対象支払利子等の額の合計額のうちその超え
る部分の金額は、損金の額に算入されません（措法66の５
の２①）。

　ただし、法人の対象純支払利子等の額が2,000万円以下で
あるときなど、一定の適用免除基準が設けられています（措
法66の５の２③）。

　グループ通算制度では、単体納税制度と同様に、各通算
法人において対象純支払利子等の額と調整所得金額を比較
して損金不算入額の計算を行いますが、適用免除基準の判
定については、対象純支払利子等の額が2,000万円以下であ
るかどうかは、通算グループ全体で行います（措法66の５
の２③）。

　（適用免除基準の具体的な判定は、次のページ参照）

参考法令等　法令39の13の２
　　　　　　　改正解説 P1172

［キーワード］

対象支払利子
等の額
（措法66の5の2①）

控除対象受取
利子等合計額
（措法66の5の2①）

調整所得金額
（措法66の5の2①）

適用免除基準の判定

適用免除基準

通算法人が次のいずれかに該当する場合には、本制度の適用はありません。

ⅰ）　通算法人及び他の通算法人に係る対象純支払利子等の額の合計額から**対象純受取利子等の額**の合計額を控除した残額が2,000万円以下であるとき（措法66の5の2③一）。

⇒　**この基準の判定は、通算グループ全体で行います。**

（注）　連結納税制度では、連結グループ全体で対象純支払利子等の額が2,000万円以下であるかどうかの判定が行われています（旧措法68の89の2）。

ⅱ）　内国法人及びその内国法人との間に**特定資本関係**のある**他の内国法人**のその事業年度に係るイに掲げる金額がロに掲げる金額の20％に相当する金額を超えないとき（措法66の5の2③二、措令39の13の2㉖）。
　イ　対象純支払利子等の額の合計額から対象純受取利子等の額の合計額を控除した残額
　ロ　調整所得金額の合計額から**調整損失金額**の合計額を控除した残額

⇒　**この基準の判定は、通算法人ごとに行います。**

実務上のポイント（用語編）

対象支払利子等の額	支払利子等の額のうち**対象外支払利子等の額**（※）以外の金額をいいます（措法66の5の2①、②一）。

※　対象外支払利子等の額とは、次の支払利子等の額をいいます（措法66の5の2②三、措令39の13の2）。

　ⅰ）　支払利子等を受ける者の課税対象所得に含まれる支払利子等の額

　ⅱ）　一定の公共法人に対する支払利子等の額

　ⅲ）　除外対象特定債券現先取引等に係る支払利子等の額のうち一定の額

　ⅳ）　法人が発行した債券（その取得をした者が実質的に多数でないものを除きます。）に係る支払利子等で非関連者に対するもののうち銘柄ごと算定した一定の額をいいます。

控除対象受取利子等合計額	受取利子等の額の合計額を対象支払利子等合計額の支払利子等の額の合計額に対する割合で按分した金額として一定の金額をいいます（措法66の5の2①、②六、措令39の13の2②㉑）。
調整所得金額	当期の所得金額に、対象純支払利子等の額及び減価償却費の額等を加算する等の調整を行った金額をいいます（措法66の5の2①、措令39の13の2①）。
対象純受取利子等の額	控除対象受取利子等合計額から対象支払利子等合計額を控除した残額をいいます（措法66の5の2③一）。
特定資本関係	一の内国法人が他の内国法人の発行済株式等の総数又は総額の50％を超える数又は金額の株式又は出資を直接又は間接に保有する関係として一定の関係等をいいます（措法66の5の2③二、措令39の13の2㉓）。

他の内国法人	その事業年度開始の日及び終了の日がそれぞれその開始の日を含むその内国法人の事業年度の開始の日及び終了の日であるものに限ります（措法66の5の2③二）。
調整損失金額	調整所得金額の計算において零を下回る金額が算出される場合のその零を下回る金額をいいます（措法66の5の2③二ロ、措令39の13の2①㉗）。

報告書 P29

　過大支払利子税制について、次のように記載されています。

「過大支払利子税制は所得金額に比して過大な支払利子を損金不算入とする制度であり、現行制度においては、連結グループを一体として課税するものであることに鑑みて調整計算を行っているところ、個別申告方式へ移行すれば、支払利子の程度を企業グループ全体で判断する必然性はないと考えられることから、各法人の調整所得金額及び対象純支払利子等の額を基礎として計算することが考えられる。
　なお、本制度については、令和元年度税制改正において、単体申告について、企業グループ単位の純支払利子額の調整所得金額に対する割合による適用免除基準が導入されている。」

4　連結納税制度との比較

連結納税制度	グループ通算制度
外国税額控除	
連結グループ全体で控除限度額を計算	通算グループ全体で控除限度額を計算
連結グループ全体の控除限度額を各連結法人に配分	ただし、その計算過程で各通算法人で計算
過年度での誤りは、その年度でやり直し	過年度での誤りは進行年度の税額計算で調整 （250ページ）
外国子会社配当益金不算入	
単体納税の規定を連結納税にも適用	益金不算入額は、各通算法人で計算
外国子会社の判定は連結グループ全体	外国子会社の判定は通算グループ全体 （272ページ）
過大支払利子税制	
損金不算入額は、連結グループ全体計算	損金不算入額は、各通算法人で計算
適用免除基準は、連結グループ全体計算	適用免除基準は、通算グループ全体計算 （278ページ）

memo

Part Ⅶ
国税通則関係の改正

このPartⅦでは、連結納税制度がグループ通算制度に見直されたことに伴い、連結法人に代えて通算法人に関する措置が手当てされておりますので、その内容について図によるイメージ解説を行っています。

1　国税通則法の改正（通則法71条②）
〜更正決定等の期間制限の特例の整備〜

要点

➢ 更正決定等の期間制限の特例について、連結法人（連結納税制度）に
関する措置に代えて、同様の措置が通算法人（グループ通算制度）に
も手当てされています。

[概要]

　国税の**更正決定等**に係る争訟についての**裁決等**による原
処分の異動又は更正の請求に基づく更正に伴って**課税標準
等**又は**税額等**に異動を生ずべき国税でその裁決等又は更正
を受けた者に係るものについての更正決定等は、通常の除
斥期間を経過した後においても、その裁決等又は更正があ
った日から6か月間はすることができます（通則法71①一）。

　この裁決等又は更正を受けた者には、その受けた者が**通
算法人**である場合には、他の通算法人を含みます（通則法
71②）。

（取扱いイメージは、次ページ参照）

[キーワード]

更正決定等
（通則法71①）

裁決等
（通則法71①一）

課税標準等
（通則法71①一）

税額等
（通則法71①一）

通算法人
（通則法71②）

参考法令等　改正解説 P1174

期間制限の特例整備（イメージ）

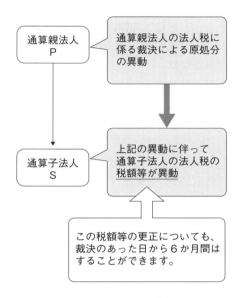

※ 通算子法人の法人税に係る裁決による原処分の異動に伴って税額等に異動を生ず
べき通算親法人の法人税についての更正についても同様に取り扱われます。

実務上のポイント（用語編）

更正決定等	更正若しくは決定又は賦課決定（通則法58①一イ）をいいます。 「更正」とは、通則法第24条《更正》又は同法第26条《再更正》の規定による更正（通則法29①）をいいます。 「決定」とは、通則法第25条《決定》の規定による決定をいいます。 「賦課決定」とは、通則法第32条第1項又は第2項による決定（通則法32⑤）をいいます。
裁決等	更正決定等に係る不服申立て若しくは訴えについての裁決、決定若しくは判決をいいます（通則法71①一）。
課税標準等	通則法第2条第6号イからハまで《定義》に掲げる事項をいいます（通則法19①）。
税額等	通則法第2条第6号ニからヘまで《定義》に掲げる事項をいいます（通則法19①）。
通算法人	62ページ参照

Plus α

　裁決等において取消しの対象となった原処分については、改めて処分を行う必要はありませんので、これについて賦課権の除斥期間の延長を図る必要はありません。

補足メモ✎

《連結納税制度における更正決定等の期間制限の特例について》

　連結納税制度における更正決定等の期間制限の特例について、改正解説の870ページには、次のように記載されています。

「連結親法人の連結法人税と連結子法人の法人税は、いずれか一方の法人の法人税が異動すると他方の法人の法人税の税額等が異動するという関係にあることから、上記の判決等又は更正を受けた者には、その受けた者が連結親法人である場合にはその連結親法人に係る連結子法人を含むものとし、その受けた者が連結子法人である場合には、その連結子法人に係る連結親法人を含むものとされました（通則法71②）。これにより、例えば、連結親法人の連結法人税の更正決定等に係る判決等による原処分の異動に伴って税額等に異動を生ずべき連結子法人の法人税についての更正決定等や連結子法人の法人税の更正決定等に係る判決等による原処分の異動に伴って税額等に異動を生ずべき連結親法人の連結法人税についての更正決定等については、通常の除斥期間を経過した後においても、その判決等又は更正があった日から6か月間はすることができるとされています（通則法71①一）。」

2　国税通則法の改正（通則法74条の2④カッコ書）
～法人税等に関する質問検査権の整備～

要点

> ➤ 通算法人の法人税等に関する調査において、通算法人の納税地の所轄税務署等の職員は他の通算法人にも質問検査等をすることができます。

[概要]

　所轄税務署等の職員は、法人税及び地方法人税（以下「法人税等」といいます。）に関する調査について必要があるときは、法人（取引関係者を含みます。）に質問し、帳簿書類その他の物件について検査し、又は当該物件の提示・提出を求めること（以下「**質問検査等**」といいます。）ができます（通則法74の2①）。

　通算法人の法人税等に関する調査においては、<u>通算法人の納税地の所轄税務署等の職員</u>にあっては、他の通算法人に対して、質問検査等ができます（通則法74の2④）。

　上記の通算法人の納税地の所轄税務署等の職員の質問検査等の対象となる他の通算法人については、その取引関係者は含まれません。

（取扱いイメージは、次ページ参照）

[キーワード]

所轄税務署等
の職員

質問検査等
(通則法74の2①④)

参考法令等　　改正解説 P1174

法人税等の質問検査権のイメージ

所轄税務署の職員による法人税等の調査の場合

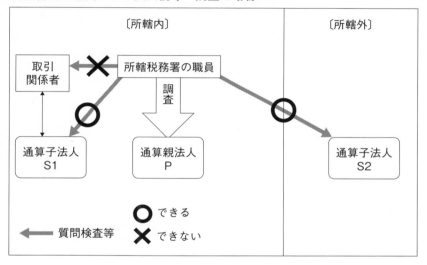

実務上のポイント（用語編）

所轄税務署等の職員	国税庁の職員又は法人の納税地を所轄する国税局若しくは税務署の職員をいいます。
質問検査等	通則法第74条の2第1項の規定による質問、検査又は提示若しくは提出の要求をいいます。なお、同法第74条の9第1項において、同法第74条の2から第74条の6まで《当該職員の質問検査権》の規定による質問、検査又は提示若しくは提出の要求を質問検査等と定義しています。

Plus α

　グループ通算制度では、単体納税制度を採用しているため、税務調査は各社において単独で行われます。

3　連結納税制度との比較

連結納税制度	グループ通算制度
更正決定等の期間制限の特例の整備	
裁決等又は更正を受けた者には、その受けた者が連結親法人である場合にはその連結子法人を含むものとし、その受けた者が連結子法人である場合にはその連結親法人を含みます。	裁決等又は更正を受けた者には、その受けた者が通算法人である場合には他の通算法人を含みます。 （276ページ）
法人税等に関する質問検査権の整備	
連結親法人の法人税又は地方法人税に関する調査においては、 ⅰ）　連結親法人の納税地の所轄税務署等の職員にあってはその連結子法人（その取引関係者を含みます。）について、 ⅱ）　連結子法人の所在地の所轄税務署等の職員にあってはその連結子法人（取引関係者を含みます。）及びその連結親法人について、 それぞれ質問検査等ができます（旧通則法74の2④カッコ書）。	通算法人の法人税又は地方法人税に関する調査においては、通算法人の納税地の所轄税務署等の職員にあっては、他の通算法人に対して、質問検査等ができます（通則法74の2④カッコ書）。 （注）　通算法人の納税地の所轄税務署等の職員の質問検査等の対象となる他の通算法人については、その取引関係者は含まれません。 （286ページ）

巻末付録

〔参考資料①〕

「グループ通算制度に関する取扱通達」項目一覧

（課法２－33ほか　令和２年９月30日）

（出所：国税庁ホームページ）

※「本書掲載ページ」欄の○数字は、「実務上のポイント（通達編）」として掲載されているものです。

項　目　名	本書掲載ページ
第1　定義関係	
1－1　（用語の意義）	－
第2　法人税法関係	
第1章　総則	
第1節　通則	
第2条　《定義》関係	
2－1　（通算親法人及び通算子法人の意義）	22
2－2　（他の通算法人に修更正があった場合の本税に係る通算税効果額の利益積立金額の計算）	－
第2節　事業年度等	
第14条　《事業年度の特例》関係	
2－3　（通算子法人に更生手続開始決定があった場合の事業年度）	㉟
2－4　（完全支配関係法人がある場合の加入時期の特例の適用）	㊷
2－5　（通算法人が他の通算グループに加入する場合の加入時期の特例の適用）	㊸

〔参考資料②〕
「グループ通算制度に関するＱ＆Ａ（令和２年６月）（令和２年８月改訂)」一覧
（出所：国税庁ホームページ）

〔参考資料③〕索引

【あ】

［参考文献等］

令和２年度税制改正大綱

令和元年８月27日税制調査会総会「連結納税制度の見直しについて」

財務省ホームページ「令和２年度税制改正の解説」

国税庁ホームページ

「令和２年９月30日付課法２-33ほか２課共同「グループ通算制度に関する取扱通達の制定について」（法令解釈通達）の趣旨説明《主要制定項目》

「グループ通算制度に関するＱ＆Ａ（令和２年６月）（令和２年８月改訂)」

「グループ通算制度の概要（令和２年４月)」

稲見誠一／大野久子監修「詳解グループ通算制度Ｑ＆Ａ」（清文社）

足立好幸著「グループ通算制度の実務Ｑ＆Ａ」（中央経済社）

小畑良晴／幕内浩著「早わかりグループ通算制度のポイント 連結納税制度はこう変わる」（清文社）

税理士法人山田＆パートナーズ編「Ｑ＆Ａで理解するグループ通算制度」（税務研究会出版局）

あいわ税理士法人編「グループ通算制度『勧める・勧めない』の税理士の判断」（税務研究会出版局）

《著者紹介》

森 高　厚 胤（もりたか　あつたね）
森高厚胤税理士事務所　所長

（略歴）
　　2002〜2004年　　東京国税局法人課税課（審理担当）
　　2004〜2005年　　国税庁法人課税課連結ＰＴ
　　2005〜2008年　　東京国税局課税第一部審理課（不服申立担当・組織再編／
　　　　　　　　　　　子会社支援）
　　2008〜2014年　　国税庁課税部審理室（法人税担当）
　　2014〜2015年　　麹町税務署　統括国税調査官（法人税調査担当）
　　2015〜2016年　　国税不服審判所東京支部　審査官（法規審査担当）
　　2016〜2020年　　国税庁審理室　課長補佐（法人税担当・訴訟／争訟担当）
　　2020年　　　　　辞職　現在に至る

（主な執筆書）
　「問答式　土地建物等の譲渡をめぐる税務」（平成26年版）（大蔵財務協会）
　「連結納税基本通達逐条解説（二訂版）」（平成25年）（税務研究会出版局）
　［以上、共同執筆］

Advance グループ通算制度

令和3年6月28日　初版印刷
令和3年7月12日　初版発行

不　許
複　製

著　者　森　高　厚　胤

（一財）大蔵財務協会　理事長
発行者　木　村　幸　俊

発行所　一般財団法人　大　蔵　財　務　協　会

〔郵便番号　130-8585〕
東京都墨田区東駒形1丁目14番1号
（販　売　部）TEL 03(3829)4141・FAX 03(3829)4001
（出版編集部）TEL 03(3829)4142・FAX 03(3829)4005
URL　http://www.zaikyo.or.jp

落丁・乱丁はお取替えいたします。　　　　印刷　（株)フォレスト
ISBN978-4-7547-2921-9